THE TEACHER 50 Critical Questions for Inspiring Classroom Excellence

卓越课堂的

50个

关键问题

[美] 巴鲁蒂·K. 卡费勒（Baruti K. Kafele）著

对教育的多视角、综合性分析
高质量、成体系的卓越课堂配方

中国青年出版社
CHINA YOUTH PRESS

图书在版编目（CIP）数据

卓越课堂的50个关键问题 /（美）巴鲁蒂·K.卡费勒著；宋希晔译.
—北京：中国青年出版社，2022.8
书名原文：The teacher 50: Critical Questions for Inspiring Classroom Excellence
ISBN 978-7-5153-6667-8

Ⅰ.①卓… Ⅱ.①巴… ②宋… Ⅲ.①课堂教学—教学研究 Ⅳ.①G424.21

中国版本图书馆CIP数据核字（2022）第094317号

卓越课堂的50个关键问题

作　　者：〔美〕巴鲁蒂·K.卡费勒
译　　者：宋希晔
策划编辑：翟平华
责任编辑：刘宇霜
文字编辑：熊　卫
美术编辑：佟雪莹
出　　版：中国青年出版社
发　　行：北京中青文文化传媒有限公司
电　　话：010-65511272 / 65516873
公司网址：www.cyb.com.cn
购书网址：zqwts.tmall.com
印　　刷：大厂回族自治县益利印刷有限公司
版　　次：2022年8月第1版
印　　次：2022年8月第1次印刷
开　　本：787×1092　1/16
字　　数：56千字
印　　张：9.5
京权图字：01-2021-7512
书　　号：ISBN 978-7-5153-6667-8
定　　价：39.00元

目 录

INTRODUCTION

引 言

　　我是1988年步入教师行业的，当时在纽约布鲁克林任五年级教师。从那时以来，"梦想"这个词就一直是我字典里的重要组成部分。多年来，我总是告诉我的学生，你们必须要敢于拥有梦想，必须要有远大的理想。在我看来，这对帮助孩子们在学业上取得优异成绩具有非常重大的意义。毕竟，如果年轻人没有远大的理想，我们又怎么能期望他们在学业上追求卓越呢？除了梦想，我还喜欢鼓励学生去发挥想象，想象那个变得卓越的自己，想象用自己接受到的教育去做不平凡的事情。

　　在我教学生涯的几年时间里，常常感觉到我的鼓励被学生们当作了耳旁风，好像我在用一种他们听不懂的语言在与其交流。我的绝大多数学生其实都是在经济落后的社区长大的，他们所接触到的通往成功的机会非常有限。在贫困的笼罩下，他们很难想象自己能拥有一个成功的未来。

　　年复一年，我都会对学生们进行调查，我发现，即便是有些学生敢于谈论梦想，他们的梦想也几乎总是局限于体育和音乐领域。他们中绝大多数人都渴望成为超级运动员或娱乐明星，因为他们在媒体上看到的成功人士中，只有这些人"看起来和他们一样"。在他们看来，体育和娱乐是摆脱贫困生活的唯一方法，但这些孩子是否人人都具备在这些竞争激烈的领域中取得成功所需的才能和素养，却是一个未知数。如果他们没有这方面的潜能，无法成为职业运动员或艺人，他们还有什么选择？我作为他们的老师，又该如何激励他们在学业上追求卓越呢？

　　如何激励我的学生在即便不太理想的处境下也能拥有远大理想，是我当时面临的挑战，也是我撰写此书的动机。我希望同样身为教师的你也能跟着我一起思考，你的教学实践和你所创造的整体学习环境，这些因素是如何正面或负面影响着你的学生的？

　　这本书是对我之前的一本书《校长引导中层和教师思考的50个问题》的补充。出于对课堂教师极其繁忙的日程安排的尊重，我刻意将此书篇幅编排得较短。书中的50个反思性问题均源于一个根本且首要的问题：如何才能在我的课堂上激发出孩子们的学习热情，达到卓越的教学效果？这是一个根本的问题，我希望你能一直牢记在心。在你第一次阅读本书后，我鼓励你定期问问自己这50个问题，因为它们与你的日常教学实践息息相关。请记住，你的课堂越有活力，越有创造力，你的学生取得优异成绩的机会就越大。

TEACHER ATTITUDE

CHAPTER 1 | 第一章

教师态度

如何增强教师对职业的热爱？

问题1：
我相信我对学生是至关重要的吗？

■ 对学生产生最重大影响的是学生的老师

教育界一直在争论的一个问题是，谁或什么对学生取得优异成绩发挥着最大的影响？有些人认为，学生的家庭环境影响最大，另一些人则认为是学校的整体环境或班主任老师。我认为，这些变量对学生都有重大的影响，但对学生影响最大的还是学生的老师。

教师对学生的影响再怎么强调都不为过，他们是游戏规则的改变者，是游戏结果的最终决定者。他们可以成就学生，也可以毁掉学生。作为一名老师，意识到自己对学生的这种至关重要的影响是非常关键的。当你每天走进教室，确信自己是决定学生成败的首要因素时，你就会努力为学生创造最佳的学习环境，帮助他们在课堂上达到最佳的学习效果。当你更进一步地内化这个想法时——你的学生会成功，因为你是他们的老师，他们就离成功的位置又近了一步。我不是在提倡教师们的自我主义，而是在提倡使学生体验到卓越课堂，教师们所必须持有的信念和态度。

问题2：
我为什么要教书？

有一天，我突然想到，字典里的每一个词都有一个含义，或者说有一个意义。在我看来，就像字典里的单词一样，所有的教师也应该准确定义他们工作的意义。教师如果没有自己的目标和意义，就像字典里的单词一样，在应该有定义的地方却以空白形式出现。

你对自己工作的意义和目标的定义是什么？不要只是泛泛而谈，比如改变孩子的生活或为他们的未来做准备。你教学生的具体目标是什么？是什么驱使你每天早上起床去教室报到，是什么驱使你在各种挑战面前仍然坚守你的工作？

在我担任任课教师时，我同时被许多不同的因素所驱动，但我始终知道，我的最终目标是通过激励和教育的方式，赋予孩子们能量——重点是赋能。赋能是为了让他们更强大、更自信，能更好地掌控自己的生活，或者能在错误的道路上及时转弯。有太多的学生都觉得自己没有能力掌控自己人生的方向，尤其是那些有着弱势背景的学生。

现在想想你从事教师这项工作的具体目标是什么，你对教学的个人定义是什么。从现在开始，在你努力激发孩子们卓越的课堂表现时，让你的目标驱动你的一切言行。

问题3：
我有多想看到我的学生成功？

当我和其他教育工作者一起举办职业发展研讨会时，我通常会问与会者们这样一个问题："你在课堂上每天面临的挑战和压力是什么？换句话说，是什么让你焦虑得夜不能寐？"教师们的回答有时会让我非常有感触。我记得有好几次，当听到这些教师们含泪讲述其经历时，我不得不强忍住我的眼泪。在不久前的一次研讨会上，一位教师向我吐露，说她夜不能寐的原因是，她知道她的一个学生住在一个有老鼠出没的公寓里。她告诉我，正是因为知道孩子们的这些情况，她才会如此强烈地渴望孩子们能够在未来取得成功。

这样的分享对我来说意义重大，因为在这样的分享里，我看见了那些每天枕着工作压力和工作要求入眠的教师们的内心。

我让教师们在研讨会上进行分享，是为了评估他们有多想看到自己的学生在面对压倒性困难时取得成功。

◎ 你有多想看到你的学生成功？

◎ 你有多想克服你在课堂上日复一日所面临的障碍？

◎ 你是否能迎接挑战，满足不同学习者的需求？

◎ 你是否有意愿成为所有学生的好老师？

◎ 你是否愿意学习所有你必须知道的知识来与你课堂上的每个学生建立联系？

◎ 为满足所有学生的学业、社会和情感需求，你每天可以做出哪些调整？

◎ 你如何确保你的学生对人生的成功充满强烈渴望？

想要你的学生对成功充满渴望，首先你自己必须在内心深处强烈渴望孩子们能取得成功。你必须在教学实践中热衷于帮助他们发掘潜力，你必须对他们的成功充满热情。

问题4：
我会改变学生们的人生吗？

我曾经和一位四年级的老师谈及她每天面临的课堂挑战。那位老师说："卡费勒校长，我每天的工作都非常辛苦。我的校长把没人愿意带的学生都分配给了我，希望我能创造出奇迹。"

我告诉这位老师，她的校长之所以这么做，是对她的能力非常有信心。我顺便问了一下这位老师，她的学生取得了什么样的成绩。

"我们班的考试成绩是这栋教学楼里最高的"，她说，"因为我教的是最有挑战性的学生，所以我在工作上比大多数同事都更加努力。"

这位老师的回答引起了我的兴趣。虽然她的学生是这栋楼里最具挑战性的，但他们的分数却一直高于其他人。我问她这是怎么做到的，是如何努力的。

"有很多方面，"她说，"但如果要把范围缩小到一个词的话，那就是愿景。在学生们走进我的教室之前，甚至在我们开始上第一节课之前，我就能'预见'他们的成功。我看到多年后，他们离开了我的教室，在世界各个地方做着一些伟大的事情。"

她的回答一针见血。这位老师没有把她的学生仅仅看成是四年级的学生，而是把他们看成他们最终会成为的有作为的人。在她每天持续付出的情况下，她对孩子们有一天会成为什么样的人充满期待。同时，她对孩子们未来的愿景也激励着她今天更好地对待他们。

◎ 你对你的学生有什么样的愿景？

◎ 在你心里，你的学生长大后会变成什么样子？

◎ 这一年他们和你在一起，10年后他们会在哪儿？

你必须立足于孩子们现在的位置，然后往前看，着眼于他们的未来。没有愿景的教学对孩子们来说是一种亏欠，会使我们在教学过程中变得鼠目寸光，只考虑如何减轻当前的烦恼而忘记了我们的最终目标。

问题5：
我的学生们会以我为榜样吗？

多年来，"摇滚明星"一词被用来表示那些在工作中特别出色的人。

◎ 你在你的课堂上是一名"摇滚明星"吗？

◎ 你的学生会觉得你很优秀，并将你视为效仿的榜样吗？

◎ 在日常行为中，你很好地为他们做出了表率吗？

许多教育工作者有时会忘记一点，他们的任何行为都可能会潜移默化地影响学生。有的老师甚至从来没有意识到，学生们会以他们为榜样。作为老师，我们要记住，我们的一言一行，一举一动都可能会被学生们效仿。你的学生每天都在看着你，效仿你的行为，即使他们并没有显露出来。如果你仔细观察，就可能会发现这一事实：有许多学生会把他们与你的关系看作是他们生活中最重要的关系之一。如果你想在学生的生命中发挥积极正面的影响，为他们树立一个好的榜样，请反复思考下面这些问题的答案。

◎ 你的学生对你作为老师的看法是什么？

◎ 你日常的行为会对学生们产生什么样的影响？

◎ 这些影响是积极的还是消极的？

◎ 你意识到你作为一个榜样所发挥的影响了吗？

◎ 他们是否在你身上看到了他们未来可以成为的样子？

◎ 你平时的言行有助于帮助你的学生在未来成为一个优秀的人吗？

我强烈建议你在学生面前始终注意你的言行，因为他们正在默默地"记录"这一切。你的言行——即使是那些非常随意的言行——在塑造学生方面发挥着关键的作用。

行动指南

> 未经审视的人生不值得过。
>
> ——苏格拉底

一、审视自我

1. 面对一项工作任务时，你会觉得自己扮演着举足轻重的角色吗？你能准确定位自己在一项任务中的价值吗？

_____

_____

_____

_____

2. 你在任何时候都非常清楚地知道自己的目标是什么吗？你有为自己的目标制订具体的、可执行的计划吗？

_____

_____

_____

_____

3. 你有多想实现自己的目标？在执行计划的过程中你总是充满激情吗？如果满分是10分，你给自己的能量值打几分？

_____

4. 你会经常想象目标实现后的场景吗，那时的自己会是什么感受?

5. 你身上有什么可贵的品质让你感到自豪，同事们或学生们都用哪些词来形容你?

二、改进计划

1. 列举三项你认为自己最擅长做的事情，以及可以用上自己优势技能的三项具体任务。

2. 采用"以终为始"方法寻找自己的目标（我最终的目的是什么？达到这个目的的关键难题是什么），并写出实现该目标的详细步骤，具体到每一天要做的事情。

_____

_____

_____

_____

3. 为目标赋予强大的价值和意义。

1）列举出你在实现这个目标后的改变和成长。

_____

_____

_____

_____

2）在这个过程中，你改变了哪些人的命运。

_____

_____

_____

_____

3）请写出这个目标实现后对整个社会的影响。

_____

_____

4. 请写下十年后，你所期待的自己以及你所做之事是什么样的，并将这个愿景放在床头或书桌的抽屉里，随时拿出来翻看。

三、效果复盘

1. 在运用上面所列举的优势技能完成某项任务时，你是否有一种深深的成就感，是否感受到了自己的重要性。

2. 在上面的目标中遇到了哪些之前没有预料到的困难，或是你之前没有考虑到的情况，该如何调整？

3. 为自己所做之事寻找到意义后，你的动力是否有所增强？

_____

_____

_____

_____

STUDENT MOTIVATION

CHAPTER 2 ｜ 第二章

学生动力

如何有效激励学生？

问题6：

我在课堂上的"招牌动作"是什么？

谈到"签名"这个词，你想到的是什么？我们通常会用书面签名来为支票背书，以及在各种合同上盖章。我们的签名对我们每个人来说都是独一无二的，书面签名能代表我们本人，对我们来说也是唯一的，我们也可以用类似的词语来描述我们为人所知的个人特长。作为一个狂热的篮球迷，我很自然地想到了球员在球场上各种出名的招牌动作。同样地，我们可以用"招牌动作"这个词来表达我们个人的上课风格。

在课堂上，我的"招牌动作"是每天早上向我的学生传达鼓励的话语。因为我知道，他们中的许多人每天下午下课后，又会回到非常困难的生活环境中，又要慢慢失去希望。这让我意识到，他们每天都需要我的鼓励。并且我也知道，想让他们始终对学习保持热情，单靠学科知识上取得的那点成就是远远不够的。因此，每天早上，我都会发表一个鼓舞人心的讲话，为他们一天的学习定下基调。

◎ 你在课堂上的"招牌动作"是什么？

◎ 是哪件具体的事情（如一场活动、一种策略、一个词语或是一种表达方式）能让你从其他教师中脱颖而出，并让你的学生在面对逆境时仍备受鼓舞？

◎ 你是如何让激励和鼓舞的效果长期保持的？

问题7：

我每天给我的课堂带去"火花"了吗?

"火花"，是你每天给课堂带去的能量、兴奋要素和热情。它是你整个教学实践中一个至关重要的组成部分，是每一位教师让学生在课堂上始终保持参与度，保持热情去学习的专业职责。在一个有"火花"的课堂上，哪怕是最枯燥的课程，学生们都能保持较高的注意力。所以，作为老师，你必须每天为你的课堂带去"火花"，时不时为你的课堂注入新鲜的血液。

"火花"不应该与魅力混淆，不是每个人都能拥有极大的魅力。"火花"是教学过程中的能量值和趣味性，它让学生每次和你一起上课时，都能看到你"燃烧的"热情。学生们可以从你的教学实践中感知到，你对你所做的工作，以及你对作为学生的他们，都是真正充满热情的。

我喜欢告诉我们学校的教师们，他们需要积极参与到教学中来，并摧毁"热情"的对手——消极的态度。热情可以帮助你消除学生对学校和生活的消极态度。当孩子们缺乏积极和振奋的感觉时，他们根本不可能在课堂上表现卓越，更不可能在未来展翅高飞。

◎ 你每天都给你的课堂带去"火花"了吗?

◎ 你的学生能感觉到你内心燃烧的火焰吗?

◎ 你身上的这团"火"——对学习和工作的热情——是否传递给了你的学生们?

问题8：
我相信我的学生能展翅高飞吗？

我常常被邀请去许多学校的毕业典礼上做演讲，在那些学校的毕业典礼上，我经常会听到罗伯特·凯利（R. Kelly）在20世纪90年代里非常热门的一首歌——《我相信我能飞》（*I Believe I Can Fly*）。多年来，我也听到过很多孩子唱这首歌。每当听到孩子们唱这首歌时，我常常想，他们是否真的相信歌词中所说的内容，他们的老师和家长是否也对这些歌词所说的东西坚信不疑。如果我们想让孩子们最大限度地发挥他们的潜力，无论是作为老师，还是作为家长，我们都必须真切地相信孩子们能够展翅高飞，并且我们也要让孩子们相信他们能够展翅高飞。

作为老师，我们都会遇到不爱学习的学生，这部分学生可能无法理解努力学习的重要性，认为整个学校都与他们的生活无关。

◎　我们该如何应对这些学生呢？

◎　他们对学习的漠不关心是否应该受到指责？

◎　我们对这部分学生是否有足够的信心呢？

◎　我们要怎样做才能使这些学生相信自己也是可以展翅高飞的呢？

很多时候，当教师们了解到学生家庭生活困难或社会经济地位低下等情况时，教师往往会立即对这些学生做出判断。他们会认为这些因素是不可克服的，因而往往自动忽略这部分学生，放弃尝试去鼓励这些他们认为会失败的学生。可悲的是，他们这样做只会导致本来可以很优秀的学生，在学业上不再去追求卓越，反而"被允许"通往失败。这些教师们将自己的教学实践建立在消极的假设上，不相信他们的学生能够展翅高飞，从而让自己的学生也不相信这一点。

作为老师，在遇到劣势家庭背景和社区环境的学生时，我们需要更多地把注意力放在教室里的学生身上，相信无论处于什么样的环境，他们都有能力展翅高飞。你需要在潜意识里树立这样一个信念：失败不应该被视为一个选择，因为你是他们的老师！你的信念对你的学生有着至关重要的影响。你要坚信，无论外部环境如何，你所有的学生都能展翅高飞，对你的学生抱有高期望是体现你对他们信心的一种方式。想要孩子们取得学业上的成功，你必须期待你的工作有一个卓越的成果，你必须期待孩子们有一个卓越的未来。

问题9：
我有帮助学生们制订目标吗？

在这本书的开头，我让你思考过教学的目的，现在我想谈谈你对学生目标的了解。

◎ 他们学习的目的是什么？

◎ 你个人的教学目的与他们的学习目的相辅相成吗？

◎ 你的学生会被他们的目标驱动吗？

◎ 你会引导你的学生制订他们的学习目标吗？

你对上述这几个问题的回答将很大程度上影响你学生的学习动力。

没有目标，行动就没有方向。和教师们一样，学生也需要清楚地知道他们在课堂上具体要做什么。作为一名教师，你必须首先确保你的学生了解其在每堂课上的具体目标。而在帮助学生制订课堂上的小目标之前，你需要帮助学生们找到他们在学业上努力的重要意义。我们都知道，学生很容易分心，或被其他东西诱惑，做出适得其反的行为，尤其是那些不清楚自己目标的学生。目标可以缩小学生们的关注圈，迫使他们思考什么才是最重要的，应该先做什么，后做什么。为了培养学生们在课堂上的专注力，以及管理自己的能力，要经常让你的学生参与到树立学习目标的交流中来，让他们清晰地知道自己的学习目标是什么。有了清晰可行的目标，学生们的动力和热情才能长期保持。

问题10：
如何防止学生"戴着眼罩"上学？

在帮助学生制订目标时，我们一定要考虑到该目标的科学性。比如在目标制订以后，你可以通过以下几个问题对这些目标进行审视和评估。

◎ 你为学生制订的目标是具体的、可操作的、及时的、可衡量和可实现的吗？

◎ 每个学生的目标是否清晰地张贴在了教室里？

◎ 你定期与你的学生一起回顾这些目标了吗？

◎ 这些目标是否附有书面的行动计划？

◎ 如果有，你是否每天都在引导孩子们执行这些计划？

如果想让你的学生在任何时候都朝着优秀的方向努力，你必须能够对上述这些问题做出坚定的回答："是的！"你的学生需要知道，没有目标的生活就像每天戴着眼罩走来走去，看不见努力的方向，也不清楚自己要去哪里。

在我的研讨会上，我喜欢问教师们，有多少人会要求他们的学生预先设定每门学科的最终成绩。遗憾的是，大多数教师没有这样做，我认为这是错误的。我们怎么能期望我们的学生实现那些一开始就没有设定的目标呢？如果没有目标，你的学生就是"戴着眼罩"在上学。

目标设定有点像全球定位系统（GPS），目标是我们最终要到达的目的地，路线是计划，而到达时间则是实现目标的最后期限。所以，请确保你的学生有自己的目标设定程序，并确保他们的目标与期望的成绩挂钩。在每个记分阶段开始时，让你的学生写下他们的目标和计划，并把它们贴在标有"学生目标"的黑板上。

行动指南

> 拥有极其旺盛的精力，并能激励他人释放旺盛精力，是一个优秀领导者必备的素质。
>
> ——杰克·韦尔奇

一、激励能力检测

请根据自己的实际情况回答问题，并评估自己激励他人的能力。

1. 当学生向你抱怨他们在学习和生活中遇到的困难时，你的第一反应是什么？

    A. 表示理解，但我也无能为力（1分）

    B. 这种事情都办不好，真差劲（2分）

    C. 在当下的条件下，我要怎么做才能帮助到他（3分）

2. 当学生出现消极态度，开始摆烂时，你是如何处理的？

    A. 放任不管，任其自生自灭（1分）

    B. 对其提出批评，进行惩罚（2分）

    C. 从最简单的任务入手，用小胜利激发其成就感（3分）

3. 当学生向你寻求建议和帮助时，你的感受是什么？

    A. 觉得这是一种任务，很有压力感（1分）

    B. 根据自身情况，如实地提供相关帮助（2分）

    C. 充满热情，提供情感支持的同时，也给出具体的帮助（3分）

分数解析：

3-5分： 自身能量值较低，在学会如何激励他人之前，需要先提升自己对工作的热情，以及关注和帮助他人的意愿。

6-8分： 自身能量值尚可，但激励方法欠佳，达不到预期的效果，需要提升与他人共情的能力，培养"看见"他人的能力。

9分： 能量十足，激励的能力很强，可以有效帮助学生唤醒其内在动力，提升其行动的意愿。

二、具身认知理论

我们的身体在塑造心理和精神方面有着强大的能力，学习了具身认知科学，激励就不仅仅只停留在打鸡血的状态了。在帮助学生点燃学习的热情后，再带领学生认真践行这些科学的原则，改变就会慢慢发生。

◎ 身体活动起来，人的思维也会更加活跃，可以让学生在学习之余多参加户外活动。

◎ 以身体为中心的冥想可以提升专注的能力，可以在课堂上组织10~20分钟的冥想活动。

◎ 笃定有力的站姿可以提升人的睾酮水平，从而增加人的信心，帮助学生纠正站姿和坐姿。

◎ 在身体上与某人亲近会让我们在心理上也更贴近，可以增加彼此的信任感，多与学生发生肢体接触。

◎ 人的面部表情会影响其对于压力的反应，微笑会让我们的情绪变得更轻盈，自己多微笑，也让学生多微笑。

◎ 自然环境会让我们的思维更敏捷，心智更健康，可以在校园内，带领学生多接触花草树木。

三、任务列表之周任务

养成使用任务列表做事的习惯，可以带来条理，提高做事情的效率。

请将自己最近一个月的激励某些学生做出改变的任务填入下列表格，可以通过下面列举的方法帮助某些学生实现转变。

让学生背诵励志名言			
组织户外活动			
组织冥想活动			
让学生多微笑			
训练站姿坐姿			
设立"大笑俱乐部"			
……			

CLASSROOM CLIMATE AND CULTURE

CHAPTER 3 ｜ 第三章

课堂氛围

如何打造"超级课堂"?

问题11：
我的课堂是"惊叹课堂"吗？

"惊叹课堂"是为学生提供极其神奇和令人难忘的学习体验的课堂，作为一名教学顾问，我经常会有意识地在我访问的每一栋教学楼里寻找"惊叹课堂"。这种课堂并不难发现，它们是那些你一进门就能给你带来神奇感觉，让你感到震撼的课堂。

◎ 你的课堂是惊叹课堂吗？

◎ 你为学生提供的学习环境是神奇且令人难忘的吗？

◎ 你有在课堂感受上寻求学生们的反馈吗？

◎ 其他教师中，有谁的课堂让你觉得很神奇？

◎ 你可以在这位老师的"惊叹课堂"上学到什么？

"惊叹课堂"可以培养学生各方面的素养，使他们的学习效率达到最佳水平，从而在学习上达到卓越。它让学生们的课堂体验感很好，能让他们在整个环境中感觉到舒适。

在我担任校长时，我每天大部分时间都在教室里进进出出，我总是特别注意我走进每间教室时的感觉，我总是希望每个课堂都能为学生营造一种积极和幸福的感觉。在我走访过的那些课堂中，有些课堂根本没有做到让人惊叹，但是也有不少的课堂的确给人一种很神奇的感觉。在这些神奇的课堂上，学生们受到重视，可以自由地做自己，不必屈从于同伴的压力，人际关系和谐而丰富。每次走进这样的课堂，我都能真切地感受到空气中弥漫的关切和理解，大家对自己都有很高的标准和期望，简而言之，这样的课堂就是"惊叹课堂"。

问题12：
我的课堂方式是什么？

学校是外部世界的缩影，每一个学校都是一个缩小版的世界，而教室则是一个"人口密集"的环境，每一间教室都提供了一种独特的文化。在教室这个环境里，人们必须学习如何生活在一起，如何沟通、联系和解决冲突等，学校里所有的人都被一个特定的愿景和一个整体的社区结构紧密地联系在一起。

在我担任一名任课教师时，课堂文化是我整个教学中一个不可缺少的部分。我知道我的课堂需要的是什么，它不能由学生来支配，至少在他们内化了我预先设定的课堂文化之前是这样，你也必须从一开始就考虑你的课堂文化。在你做教师的第一天，就要思考与课堂文化相关的问题，比如你想要把它发展成什么样子，什么样的课堂文化有利于学生达到学习的最佳状态，我要怎么去塑造这样的一种文化氛围，等等。作为教师，你必须控制学习环境，而不是让学习环境来控制你。

你的课堂文化代表了你和你的学生在一起时的相处方式，它是你的课堂方式。

◎ 你的课堂文化和你的课堂方式是什么样的？

◎ 你的学生对此是否有过贡献？

◎ 这种课堂文化是有机发展起来的，还是你预先就有的一个想去努力实现的想法？

问题13：
学生们来上我的课的动力是什么？

我认为意向性是我专业词典中最有力的词，它是让我们对自己的想法付诸行动，从而让这个想法变成现实的动机。实际上，你所做的与学生的社会、情感和学术成长有关的一切，都是你必须"有意为之"的事情，你的意向性必须比学生的意向性更加明晰。

比如前面我们谈到的课堂文化，你不能等着你的课堂氛围和文化自行发展，你必须有意识地塑造和发展它们。

你可以试着改变传统模式，为学生们创造出一种神奇有趣的学习体验，让他们渴望每一天都来上你的课。当你相信你可以实现这些结果，并专注于这样做的时候，你每天都会有意识地激发卓越课堂。

◎ 你是否有意了解你的课堂氛围和文化，即课堂的气氛和师生相处方式？

◎ 你是否经常有意识地庆祝学生的成就、点燃学生的激情？

◎ 你是否有意与学生建立牢固的关系，并在任何时候都尽可能地表现出足够的同理心？

◎ 你在塑造课堂文化方面做了哪些具体的努力，效果如何？

◎ 你课堂中最吸引学生的东西是什么？

如果你想创造一种课堂文化，让你的学生们每天都迫不及待地来上你的课，那么，上面这些问题都是你必须考虑的。

问题14：
我是教数学还是教马修？

在你的课堂上，什么是真正的重点？是学科还是你的学生？很多时候，教师们都被淹没在考试教学的日常压力中，以至于忘记了真正的重点：学生。你永远不能忘记你的学生才是你的首要任务。你必须时刻提醒自己，确保学生的社会、情感和学术成长是你每天到学校报到的原因，其他一切都是次要的。你所有的努力都是为了确保学生们能够在学业上取得成功，乃至于在未来的世界里取得成功。不时地回顾这个核心任务，你的工作才不会偏离重心，你和学生们才能在不断的努力中实现各自的目标。所以，在每天的教学工作开展之前，你都可以思考一下下面这些问题。

◎ 我是教数学，还是在教"马修"这个人？

◎ 我在教马修学数学的时候，最优先考虑马修的感受和体验了吗？

◎ 我会因为太重视课程进度而忽略到马修的实际情况吗？

如果想真正激发孩子们对学习的热情和动力，你就必须永远将孩子们放在第一位。

问题15：
我的课堂品牌形象是什么？

就像营销人员和广告商努力创造一个品牌形象来营销他们的产品一样，你也必须努力为你的课堂打造和维持一个品牌形象。

◎ 是什么让你学生的学习空间有别于学校里的所有其他空间？

◎ 你的学生们对你课堂的认知是什么？他们是如何评价你的课堂的？

◎ 你在多大程度上创造了你的课堂品牌形象，以及你在多大程度上控制了它？

你的课堂品牌形象至少要由以下内容组成：

◎ 你对教学实践的核心理念；

◎ 对学生来说最重要的事情；

◎ 你的核心价值观和指导原则；

◎ 你的课堂目标、使命和愿景。

你的课堂品牌形象决定了你学生的学习动力、课堂表现、他们对学习环境的看法，以及他们的学习成果。你每天挂在嘴上的事情，或心里希望发生的事情，只能较小地影响你的课堂品牌形象，真正对课堂品牌形象起决定性作用的是实际发生的事情，是你每天的行动。在塑造课堂品牌形象这一方面，是最能体现"行胜于言"的。作为老师，你有责任为学生们塑造出一个卓越教学的课堂品牌形象。

行动指南

> 人创造环境，同样环境也创造了人。
>
> ——马克思

一、场景鉴定

◎ 我是什么样的人，通过课堂，我想与学生形成什么样的关系？

_____

_____

_____

_____

◎ 形成上面的关系，需要打造什么样的课堂氛围？

_____

_____

_____

_____

◎ 如何才能创造这样的课堂氛围，有哪些具体的步骤？

_____

_____

_____

_____

二、环境塑造大师

2002年诺贝尔奖得主、心理学家丹尼尔·卡尼曼提出"峰终定律"（Peak-End Rule）的概念，卡尼曼发现人对体验的记忆主要由两个核心因素决定：

1. 体验的最高峰时刻。无论是正向的最高峰值时刻还是负向的最高峰值时刻，都一定是人们印象最深刻的。

2. 整个过程快要结束时刻的体验也是人们容易记住的。

因此，想要让你的学生对你的课堂印象深刻，每天都迫不及待地来上你的课，一定要打造学生体验的峰值，比如设计一个什么样的环节调动学生们的情绪？然后本堂课快结束时，再设计一个什么样的终值作为结尾，让学生能够记住这堂课。

三、具体操作建议

1. 在课堂上制造仪式感。仪式感会让学生觉得这堂课与众不同，比如课程开始时大家一起起立唱一首与课程内容相关的歌曲，课程结束后给学生们颁发奖品等。

2. 突出重要性。用一些辅助性的东西突出这堂课的重要性，能有效加深学生们的印象。比如美国著名教育家马文·柯林斯每次上课都特别注重自己的穿着，并以同样的标准要求自己的学生，这样就给学生们传达了每堂课的重要性和严肃性。

3. 在课堂上制造惊喜。最近几年的心理学研究证明，只要设计好相应的激励和奖励措施，人就会按照你的预期采取行动。课堂上不定时的惊喜就如同是对学生的随机奖励，这样的体验会让他们每天早上都迫不及待地来上你的课。

四、请制作一个打造"超级课堂"的具体方案，让学生对你的课堂印象深刻

	仪式感	重要性	制造惊喜	……
课堂上的高峰时刻				
课堂结束时				

BUILDING RELATIONSHIPS

CHAPTER 4 ｜ 第四章

建立情感

怎样看见学生的真实生活？

问题16：

下课后我去了解我的学生了吗？

在我当任课教师时，我把熟悉学生的家庭环境和社区环境作为我工作中不可或缺的一部分。如果不了解学生的生活环境，我就不可能真正了解他们。为此，我尽可能多地走访了他们的家庭，这些家访使我能够更好地了解我的学生和他们的父母。当我成为校长后，依然保留着这一习惯，定期走访学生们的家庭和社区。不管是作为一名教师，还是作为学校的领导者，我总是尽可能深入地了解我的学生。即使我现在成了一名教育顾问，我也坚持着这种做法：走访我工作单位的学生所在的社区。在走访一个学校之前，我会特意开车穿过学校周围的街道，对周围环境有一个大致的了解。

我所工作的学校往往都在低收入的城市或农村，那里的学生在不同程度上都受到周围环境的影响。糟糕的生活环境虽不能阻止他们朝着最优秀的方向发展，但要取得和那些在优越环境中成长的同龄人一样的成绩，这些孩子需要在学业上付出更多的努力。所以，当你在面对每一个学生时，永远不要忽视这个事实：你的学生是由他们的成长环境所塑造的。

◎ 你是如何适应你的学生和他们的环境的？

◎ 你对你的学生的家庭和社区熟悉吗？

◎ 你的学生是如何适应你的课堂的？

　　孩子们每个工作日与你在一起的6~8小时只代表了他们生活中的一部分，如果真的想深入了解你的学生，激励他们实现远大理想，你一定要走出去，利用下课后的时间去熟悉他们的生活环境。

问题17：
我是否会被学生的成长环境吓倒？

　　毋庸置疑，作为一名教师，不管你学生的年龄大小或身型如何，你都不应该对他们表现出任何的消极态度或畏难情绪。你要能够在所有不利的情况下保持掌控力，就必须要让你的学生在任何时候都能感到有你在掌控全局。如果他们察觉到了你的恐惧或畏难情绪，那么你将很难在课堂上保持你的影响力。

　　这也适用于你对学生家长的态度。有一些家长可能对老师不尊重，盛气凌人，甚至敌视老师。相信我，对于这一点，我非常清楚。即使这些家长经常明目张胆地敌视你，你也必须保持冷静，继续展示你作为老师的权威。因为如果家长发现你被他们吓倒了，他们就会不信任你，甚至利用这一点来对付你。只有在家长面前保持积极冷静的态度，始终保持理性，家长们才会相信你作为老师的权威，才会持中间立场，与你好好合作，这样你的学生才能最大程度地受益。

　　至于学生的家庭问题，多年来，我与教师们进行了无数次的交谈，每次都会谈到他们对学生所在家庭情况的了解。随着我们对这一话题的深入了解，我们往往会发现，来自贫困家庭的孩子或单亲家庭的孩子学生成绩往往更差，老师们也会对这类学生表示深深的担忧。如果你的班上也有正被家庭环境困扰着的学生，我想鼓励你去勇敢地与当前的困难作斗争，深入了解这些孩子家庭的具体情况，花时间去思考贫穷和缺乏父母关爱给你学生带来了什么样的影响，然后根据每一个学生的具体情况制订教育方针。

当你被孩子们所面临的生存困境吓倒时，你其实就一定程度上放弃了这些本可以走向卓越的孩子；当你在批评和谴责他们时，你其实是忽略和否定了他们成长环境恶劣的事实，这会让这些本来有机会在未来走向成功、给世界创造价值的孩子们，彻底走向绝望。

尽管要帮助家庭条件不好的孩子克服种种困难不是一件容易的事情，但历史上很多伟大的、名留青史的人物都是在极其糟糕的环境下长大的。你要相信，当你全力以赴地改变困境，最终帮助孩子们克服困难后，他们在未来的人生中就不会再轻易被困难打倒，他们就会变得坚不可摧。

问题18：
我的学生如何看待我以及我对他们的态度？

许多年前，当我担任校长时，我有一个学生非常明显地表现出她不是很喜欢我，她不喜欢我作为校长所代表的一切。她的感觉是如此强烈，以至于她都不会在早上跟我打招呼。我非常在意她的看法，所以我不得不花时间反思我在她和她的同龄人面前的形象。我很快发现，问题不在于我个人，而在于我的职位。这位学生在她以前的学校里与领导层有过不愉快的经历，因此把我也归为这一类人群。她觉得自己作为一个学生没有得到前任校长的尊重，因此认为在我这儿也不会得到尊重。知道这件事情对我来说非常重要，之后我就给自己订了一个目标，我要改变她对校长的总体看法，也希望这种改变能引导她改变对我的具体看法。

◎ 你的学生对你的看法是什么？

◎ 他们对你对待他们的方式是如何评价的？

这两种看法都很重要。如果孩子们认为我们不关心他们，我们就很难与他们建立牢固的情感。我们的学生需要知道，他们永远是我们的首要关注对象。我们对他们的关心仅仅体现在言语上是不够的，行动比言语更有说服力。为了使学生能够最大限度地发挥他们的潜力，他们需要在课堂学习环境中，真真切切地感受到教师关心他们、喜欢他们、欣赏他们、尊重他们、理解他们、疼爱他们、对他们有耐心，公平地对待他们每一个人，并对他们的综合发展有坚定的信心。

在我的专业发展研讨会上，我经常会问老师们："作为教师，你们如何衡量学生是否知道你们关心他们？"正如我常说的，我们可以在研讨会上说我们爱学生，但如果我们没有对这种关爱付诸行动，没有将这种关爱在我们每天与学生的沟通和互动中表达出来，学生们没有感受到这种关爱，那么我们所谈论的关爱就起不到任何作用。

问题19：

我在多大程度上融入了学生的生活？

我常说，如果你不了解自己的学生，你就不能给他们授课。你的学生不仅仅是你在课堂上看到的样子，你在课堂上看到的只是他们的一部分，或者说一个特定状态下的他们，真实生活中的他们要比课堂上的他们完整而丰富得多。在我的家乡新泽西的泽西城，我认识一位老师，他喜欢把学生带出课堂，帮助他们与外界建立各种有意义的联系。他还让学生参加许多不同的项目和各种各样的活动，努力扩大他们的视野。通过这些努力，这位教师最大限度地融入到了学生的生活中。在这样坚持了很久之后，他发现这比仅仅在课堂上跟学生相处，更能增进他和学生的情感，更能深入了解学生。只有当教师和学生有了更加深厚的情感，学生们才有可能更仔细地听课和学习。

◎ 你有多了解你的学生？

◎ 下课铃响后，你去了解你的学生了吗？

◎ 你多久组织一次与课堂学习无关的户外活动？

◎ 你在多大程度上参与了学生们的课外生活？

了解你的学生的最好方法之一是有意识地与他们建立情感联系，这意味着，除了课堂上的相处，你还需要一定程度上融入他们的课外生活。

许多学生，特别是在初中和高中阶段，都参与了课外活动。你平时可以抽时间了解一下你们班同学都参与了哪些课外活动，然后参与到学生们的这些活动中去。

◎   你在多大程度上参与了这些活动？

◎   如果你的学生参与体育活动，你在多大程度上会参加他们的比赛？

◎   如果他们参与戏剧活动，你多长时间去看一次他们的演出？

让你的学生在课堂以外的时间看到你，是你与学生建立深厚关系的一个重要途径。

问题20：
我和我的学生多久共进一次午餐？

教师们经常向我提出一个非常普遍的问题是，他们根本没有足够的时间按照他们想要的那样去了解学生。他们常常谈到工作压力和要求，以及他们没有办法在教学范围之外的事情上花费那么多的精力。

当我是一名五年级教师时，我也面临着巨大的压力和一大堆要求，这远远超出了课堂教学的范围，但我依然想在教学时间之外更好地了解我的学生。为此，我花了大量的课后时间，做了各种各样的工作，比如去拜访他们的家庭和社区。我当时做出的最大努力就是腾出我的午餐时间，我把自己所有的午餐时间都花在了我的学生身上，尽可能地创造和学生们在一起的"家庭氛围"。

每天，我都会在食堂或教室里和学生们一起吃午饭，有时是和大家一起吃，有时是分小组吃。虽然我鼓励他们互相谈论他们想说的任何事情，但在某些日子里，我也引导他们的谈话，试图尽可能多地了解他们所感兴趣的校外之事。通过这种方式，我将我的午餐时间利用了起来，这使我能够更加充分地了解我的学生。与学生共进午餐成为我课堂文化的一部分，而且也没有影响到学生的自由时间或隐私。当我成为一名管理者时，我继续将我的午餐时间腾出来，与学生们在食堂里见面，我们坐在食堂的几张桌子旁边，一起讨论任何可以想象到的话题。

◎ 你是否会通过午餐时间与学生增进感情？

◎ 如果是的话，多久一次？

◎ 如果没有，为什么不呢？

当然，我们都需要有自己的空闲时间，但请记住，学生的午餐时间是一个你了解学生的宝贵机会。在这个时间里，你可以和他们聊天，借此了解他们，并与他们建立情感上的联系。午餐时间的交谈应该是轻松愉快的，一定要注意营造轻松的氛围，不要让孩子们觉得他们是在"完成某项任务"。

永远要牢记，与学生建立牢固关系是帮助他们提高学习成绩的关键。一定要充分利用每一个可以用来和学生建立更好关系的机会，包括和你的学生共进午餐这样的机会。

行动指南

> 若要用一句话归纳我在人际关系方面学到的一个最重要的原则，那就是"知彼解己"：首先去寻求了解对方，然后再争取让对方了解自己。这一原则是进行有效人际关系的关键。
>
> ——史蒂芬·柯维

一、快速了解学生的方法

1. 面对面交流

◎ 把说话的机会留给学生，尽可能让学生多表达自己，从学生传达出的信息中了解到他的具体情况。

◎ 多问开放性问题，让对方能发挥的问题。比如"暑假过得好吗"？就不如"暑假怎么过的"好。

2. 多多观察

◎ 在平时的相处中，注意观察学生身上的细节，如穿着打扮、姿态、表情等。

◎ 留心他们不经意间的"小动作"和"小习惯"（比如：老低着头，学生可能不自信。神情暗淡，目光呆滞，可能不开心……）

3. 为自己的班级量身定做一份调查问卷

◎ 在问卷中巧妙设计一些能让学生谈论自己的开放式问题，比如"我喜欢……""我不喜欢……""我的梦想是……""让我生气的事情""我为什么不开心""我为什么不想学习""我今天很……"等等。

◎ 给学生发放完问卷之后，不要只是把它们收上来放在文件夹里作为摆设。请认真分析问卷结果，并充分利用调查问卷中反馈的一切信息来帮助学生，以便满足他们的各种需求。

二、快速和学生建立情感的小技巧

1. 在上课的过程中来回走动，不经意间与学生发生身体触碰，比如拍拍肩膀，整理一下学生的衣领等。

2. 在课堂上或平常的沟通中，多与学生发生眼神交流，眼神中表现出对学生的爱与接纳。

3. 可以偶尔和学生分享自己脆弱和无助的时刻，让学生看到老师普通、平常的一面。

三、了解学生周任务

请制订一份了解你班上每一个学生的任务清单，并按时间段逐一完成这些任务。

	学生1	学生2	学生3
面对面交流			
观察心得			
问卷分析			

CLASSROOM
INSTRUCTION

CHAPTER 5 ｜ 第五章

课堂教学

如何让我的课堂更加科学高效？

问题21：
我的哪些教学策略对学生最有效？

我经常回顾我的小学时代。

从小学后期到高中的这段时间里，我的学习成绩从平均水平慢慢地滑落到很差的水平。直到上了大学，我的学习成绩才开始反弹，那时候我才学会自我激励，我的许多同龄人都有类似的经历。今天，如果让我从一个从业者的视角来回顾我的K-12经历，毫无疑问，我的小学教师采用的教学策略是不利于激发我和我的同龄人的潜能的。我们被迫接受令人生厌的课程，被迫坐在划分严格的一排排座位上，许多人被安排在教室的后排，根本看不见黑板上的东西，如果我的老师当时能更多地了解学生是如何学习和处理信息的就好了。

今天作为一名教育顾问，我依然能看到各种适得其反的教学策略，正如几十年前我和我的同龄人在教室里忍受着同样的教学方式一样。在这些环境中，我经常看到学生心不在焉，提不起兴趣，而且还爱捣乱，很难集中注意力。

为了确定哪种教学策略对你的学生最有效，你必须首先了解你的学生，就像第四章讨论的那样。如果你不了解他们，你就不知道该怎么与他们交流。你必须和他们建立情感，通过这样做，你就能更好地了解他们是如何学习的。例如，如果他们不是听觉型学习者，你就应该知道他们大概不会被讲座形式的授课所吸引。

◎ 你如何能确保你的学生都参与到学习过程中？

◎ 你在课堂上是否采用了最适合学生的教学策略？

◎ 你有从学生那里得到关于教学策略的反馈吗？

◎ 得到学生的反馈后，你又是如何调整的？

作为课堂教师，你必须了解你的学生是如何学习的，最适合他们的教学策略是什么样的，这样你才能为他们打造卓越的课堂。

问题22：
谁是我课堂上真正的"主角"？

我在全国各个地方走访，有时候走进一些教室，我常常看到安静、守纪律的学生排排坐，专心听老师讲课。在这些教室里，老师是"主角"。尽管学生或多或少会学到一些东西，但在这种学习氛围下，他们是否能取得最优秀的学习成果是令人怀疑的。教室里的学生有着不同的学习方式和能力水平，我无法想象这些教师们采用的方法能与所有的学习者联系起来。

听觉型学习者可能会做得很好，但是其他人呢？为什么其他学生在学习过程中会被无意中排除在外？通常，当学生在理解材料有困难或显得心不在焉时，我们会问他们问题。我们质疑他们的专注力，我们质疑他们的学习素养，我们质疑他们的认真态度，我们质疑他们的认知能力，我们还质疑他们的成功潜力。在很多情况下，这些学生最终会选择挑战性较低的学习环境，甚至是可以提供特殊辅助的教室。为什么？因为在课堂上，他们不是真正的"主角"，他们没有受到应有的关注，他们的情感需求没有得到满足，在这样的课堂上，受到关注的只有教师一个人。

从学前班到高中，你必须永远记住，你的学生是课堂上的"主角"。他们不是观众、临时演员，甚至不是合作演员，而是以课堂为中心的学习环境中的核心主角，课堂是关于他们的一切。

◎　你的学生是你课堂上的"主角"吗？

◎　你的学生是否获得了基于他们独特优势和学习方式的学习机会？

◎　你的教学策略能否使你的学生充分参与到学习中来？

◎　这些策略能否让你的学生在一个趣味横生的学习环境中体验到学术的严谨性？

◎　你是否考虑到了你课堂上所有类型的学习者？

你必须确保你采用的教学策略能让你的学生成为课堂上真正的"主角"。

问题23：
我如何衔接跨学科领域的学习？

我有幸能与许多不同的老师交流，通过交流，我了解到老师们都经历着不同类型的挑战。他们中的许多人——通常是在贫困社区工作的城市和农村教师——面临的挑战非常大，以至于他们最终离开了教师岗位。与此相反，我也遇到过很多教师，他们对城市和农村教师所面临的挑战一无所知。除了这些问题，所有这些教师还面临着的一个挑战是，无论是哪里的教学，学科领域之间都缺乏衔接性，特别是在初中和高中阶段。理想情况下，学生应该清楚地看到语言艺术、数学、科学和社会研究是如何相互联系的，而不是把它们作为完全独立的、分割的学习领域来学习。作为老师，学习和掌握跨学科领域的知识是非常重要的。

◎ 你是如何将学科领域衔接起来让你的学生看到其中的关联性的？

◎ 你是否采取了跨学科教学法？

◎ 你能否确保学生的学习是全面的？

对于你的学生来说，了解学科领域是如何相互关联的非常必要，这有利于他们认识真实的世界，培养他们对世界的准确认知。

问题24：
我是否考虑到了每位学生的独特性？

教师向我表达的最大烦恼之一是班级规模，尤其是在城市学校。大班教学给教师带来了各种各样的挑战，特别是当涉及到对学生进行差异化教学时。即使在小教室里，差异化教学也是一个挑战，但当人数开始接近30人时，就会成为一场噩梦。然而，如果学生要在学业上取得成功，教师必须进行差异化教学。

我经常提醒教师，尽管学生们会有外表上的相似之处，但没有两个学生是完全相同的。当我们把所有的学生都当作是一样的时候，我们就会把他们置于不利的位置。一个理想的课堂上应该有许多学习风格、能力水平、兴趣水平、需求和志向都不相同的学生，你在备课时需要考虑到学生们在这些方面的差异。太多的学生失败或者成绩不佳，不是因为他们缺乏能力，而是因为他们的老师没有搞清楚适合他们的最佳学习方式。作为任课教师，你要去发现学生的最佳学习方式，并据此对他们进行差异化教学。

我明白差异化教学的挑战。我知道在大班教学中使用全班教学要容易得多，而且在时间成本上有一定的优势，但这种方式很难让我们达到教育的最终目的，我们只能把它当作通往以后更多个性化教学的桥梁。

◎ 你是否考虑到每个学生独特的学习风格、能力水平、兴趣水平、需求和志向？

◎ 你是否了解你的学生中没有两个是相同的？

如果想让学生在学业上取得成功，你必须将"差异化教学"时时放在心上，最重要的是要去了解学生的个体差异，并在教学过程中考虑到这些差异。

问题25：
我的教学是面向21世纪的学生吗？

我经常想起我在1988年至1997年教过的学生，并将他们与我在1998年至2011年作为校长时教过的学生进行比较。我发现这两组学生有着截然不同的教学经验，第一组学生的词汇使用中没有手机、电子邮件、互联网、社交媒体或应用程序这些词，因为这些学生没有接触过这些东西。事实上，如果当时每间教室能有一台电脑，或学生们能进入计算机实验室去学习一次就很幸运了。相比之下，在第二组的学生生活的年代，整个社会在很短的时间内就遭遇了新技术的冲击。因此，这一组的学生在新技术的学习和使用方面不仅远远领先于第一组的学生，而且也领先于他们的老师。通过使用新技术，这些学生接触到了以前那批学生所不知道的世界。

互联网已经把整个世界带到了学生的手指旁——无论这个结果是好的还是坏的。他们能即时获得20年前的学生根本无法获得的各种数据，他们知道很多20年前的学生所不知道的信息。无论你喜欢还是讨厌互联网，它都在影响着这代学生的一切言行。

◎　你是如何适应你的学生对新技术的使用的？

◎　你是如何跟上这些学生的步伐的？

◎　你是如何保持他们的兴趣的？

◎　你是如何让他们在课堂上和学校里不感到无聊的？

因为这些学生已经习惯了即时获取信息，他们往往渴望立即得到满足。有些人认为，由于技术的进步，今天的学生比前几代人注意力集中的时间要短得多，我们20年前所了解的世界并不是学生今天所经历的世界。这个速度要快得多，作为教育工作者，我们必须跟上它。

◎　你的教学是否反映了今天学生的实际情况？

◎　技术是你在课堂实践中的一个组成部分吗？

◎　你是否具备技术知识？

◎　你使用技术的方式是否适合学生的背景和技能水平？

如果你想在你的课堂上激发卓越，请确保你的教学实践反映了你所教学生的时代背景和技术背景。

行动指南

> 时间，每天得到的都是二十四小时，可是一天的时间给勤勉的人带来智慧和力量，给懒散的人只留下一片悔恨。
>
> ——鲁迅

一、知识结构检测

1. 除了你的专业领域，在其他领域你还比较感兴趣的知识是？你是如何进行时间分配的？

_____

_____

_____

_____

2. 你有哪些学习其他领域知识的途径，它们各自的优缺点是什么？

_____

_____

_____

_____

3. 在教学过程中，你会刻意将各个领域的知识联系到一起吗，通过什么样的方式？

_____

_____

_____

_____

4. 在实施跨学科综合式教学后，学生在哪些方面得到了提升，你的感受如何？

_____

_____

_____

_____

二、丰富你的头脑

1. 利用互联网对某个新领域进行基本的了解，如关键概念、厉害人物、相关书籍等。

2. 每周留出固定时间阅读其他领域的经典书籍，并做好相关笔记，写下你的收获。

3. 每个月拜访两个你想了解的领域的厉害人物，向其请教相关经验。

4. 对于自己自学无法攻破的领域，可以为自己寻找一个付费导师。

三、跨学科教学能力提升技巧

1. 列一个清单，将你不同领域的知识有组织地、有条理地放在一起，方便检索。

_____

_____

_____

2. 在学习过程中，通过联想和发散思维的方式将你刚学的东西和你已知的东西联系起来。

_____

_____

_____

3. 每学习一个新知识，都强行问自己：这个知识可以用在我课堂上的什么地方？

_____

_____

_____

4. 进行多学科备课练习，做成PPT或写出文案，并口述出来。

_____

_____

_____

CULTURAL
RESPONSIVENESS

CHAPTER 6 | 第六章

文化响应

怎样将学生的地域文化背景融入课堂？

问题26：
我愿意去了解学生的地域文化背景吗？

当我刚开始当老师时，在我走进教师休息室时，除非同事们先跟我说话，否则我很少跟他们说什么，但我的耳朵却是"打开的"。我在休息室里了解到的东西常常让我感到震惊，我常听到教师们谈论自己所教学生，这些话我今天也能听得到，这些老师对自己所教的学生以及他们的父母充满了指责和抱怨。我心想："当这些人表达这样的情绪时，他们怎么能说自己是教师？如果这些是他们的真实感受，他们怎么能够激励他们的学生？"他们对学生的消极评价让我非常生气，很快我就决定，在余下的职业生涯中，我再也不去教师休息室。

随着我在这个行业里逐渐成长，我不断反思这种现象。当我了解到地域文化背景对我们的态度、行为、选择等的深刻影响时，我就能够得出结论了。我的同事并不是坏人，他们只是缺乏对他们所教学生的了解。这些老师并不了解他们的学生，也不跟学生们建立联系。他们只是知道学生的名字和一些其他信息，但他们并不理解他们的地域文化背景或与之关联的一切。他们不知道学生如何沟通，如何展现自己，或如何开玩笑的，也不知道这些东西是如何深刻影响学生们的学习方式的。这些老师不了解学生们的文化背景，也不知道文化背景会怎样塑造学生们的性格和行为，所以才有了批评和抱怨。

◎ 作为任课教师，你了解你的学生吗？

◎ 你知道他们的文化背景吗？

◎ 你知道他们的文化是如何影响他们在课堂上的表现的吗？

你的学生和你有不同的文化背景并不意味着他们就低人一等，这只是意味着他们的生活经历与你不同。所以，作为老师，你一定不要对他们有先入为主的偏见。你的责任是去真正了解你的学生，了解他们除了坐在课桌前之外的其他信息，包括家庭环境、家乡风俗、历史文化、民族习惯等。你必须通过与他们建立牢固的关系，并始终表现出对他们的关爱，才能深入了解他们的文化背景。理解你的学生的地域文化背景是如何塑造他们的生活的，这对于激励他们奋发向上是绝对必要的。

问题27：
我在安排教学时考虑到学生的地域文化背景了吗？

了解学生的文化背景这一问题对教育工作者来说非常重要。我真的相信，所有的教师在设计课堂的时候都应该考虑到他们学生的文化背景，而不仅仅是他们在班级花名册上的名字。

我把文化响应式教学比作一张班级照片，如果你把你的班级照片分发给教室里的每个学生，很可能每个人都会先找自己，然后再找朋友。现在，让我们假设这张照片有几个学生被剪下来。当你的学生收到照片时，那些从照片上消失的学生可能会非常失望。

当课程和教学只集中反映了学校所在地的文化，而不是教室里所有学习者的文化背景时，那些背景被忽视了的学生，就会像他们从班级照片中被剪掉一样失望。比如北京的某一中学在课程中永远都只会讲到北京这座城市的文化、风土人情、历史故事等，那么那些同在该学校学习的外来务工人员的子女们，就会在课堂上思考："我在这节课中的位置在哪儿？这堂课与我有什么关系？"然后他们就会对你的课堂失去兴趣。

◎ 你的教学在哪些方面考虑了学生的地域文化背景？

◎ 你的教学以何种方式使他们在你所教的课程中看到自己的家乡和自己的文化？

◎ 你的学生是否觉得他们的地方文化在你的课程中得到了关注，课堂学习内容在哪些方面与你的学生的地域文化身份相关？

如果你希望你的学生们能在课堂上有十足的参与感，你在准备上课时应该要考虑到这些问题。

问题28：
如何将学生的地域文化背景融入我的课程？

我从事教育工作已经28年了。在这段时间里，我在许多问题上的想法发生了变化，但在一个问题上我一直坚信不移：将学生的地域文化背景渗透到课堂教学中的重要性。

文化响应式教学是必要的，因为通常情况下，超大城市或者学校所在城市往往成为老师们在课堂上关注和讨论的对象，而那些来自偏远地区或小县城的学生的文化背景往往被忽略。在中国，由于地域的差异性，不同城市、不同民族常常有着不同的文化习俗。中国的南北差异就是个典型的例子，比如南方主食大多为大米，而北方更喜面食。所以，无论班上的大部分学生来自哪个城市，都要看到每个学生背后的家乡文化，尊重差异。让每一位学生的家乡的故事都能被真实地讲述，被全班的孩子们看见、聆听和了解。

我们可以问孩子们的最基本问题包括：

◎ 你是谁？

◎ 你来自哪里？

◎ 你的家乡文化是什么？

◎ 你家乡的文化与历史上的哪些故事有关？

◎ 你的城市对中国的发展，对世界有什么贡献？

比如重庆是抗日战争时期的陪都，对二战的结束以及世界和平都做出了巨大的贡献；山东是孔子的故乡，可能山东受儒家文化的影响就比别处要大，成都在历史上有"天府之国"的美称，深圳为什么会被称为"移民城市"……如果这些信息没有在课堂上讲过，班上的儿童就会忽略这些细节，感受不到自己家乡文化所带来的特别感和自豪感。不仅是他们不知道，来自其他文化背景的同龄人也不知道。

那么，你作为教师的角色与文化响应式教学有什么联系呢？

首先，你必须知道你学生的地域身份。我知道这是一项艰巨的任务，但我认为这是必要的。如果你的学生不知道自己的家乡文化是什么，自己的家乡曾经经历了哪些故事，那他们基本上对当下的自己也并不了解，而且缺乏作为学习者立足和成长的坚实基础。了解学生文化背景背后的历史，会让你更好地帮助学生了解他们来自哪里，并在学习时建立对家乡文化的信心。通过看见学生们的地域文化背景，可以让孩子们感觉到自己也"被看见"了，而这一点正是激发卓越课堂的关键因素。

问题29：
我的学生在文化上认同我的课堂吗？

正如我之前提到的，当学生看不到教学内容与自己生活的关联性时，他们就会觉得学习这件事很有难度。你学生的地域文化背景，必须能够与你所教的课程相联系。在实践中，这意味着备课不能仅仅局限于为所有学生制订总体学习课程，备课必须考虑到每位学生具体的地域文化背景。你的课堂很可能包括来自多个城市，多种文化背景和经历的学习者，一个"一刀切"的课程根本无法适用于所有人。为了满足不同学习者的学习需求，你必须了解和理解他们，这包括从他们的地域文化上了解和理解他们，确保你的学生在文化上认同你所教授的课程。当你了解他们时，搭建与他们的文化联系，将学生们不同的文化背景融入课堂，这样既能提升课程内容的趣味性，又能激发每一位学生的积极性，学生们就会爱上你的课堂，从而达到激发卓越课堂的目的。

问题30：
我如何表现出对学生地域文化背景的觉知？

多年来，我曾与教育工作者就他们是否"看到"学生的家乡风俗和文化环境进行过一些非常激烈的对话。虽然我赞赏那些称他们在面对不同文化背景的学生时会一视同仁的老师，但我也提醒他们，这种"一视同仁"或许是出于懒惰。事实上，因为懒得去了解每一个学生的地域文化背景，所以在课堂上对所有的文化问题都避而不谈已经是屡见不鲜的事情了，这对培养学生在面对不同文化时秉持尊重差异、求同存异的态度是百害而无一利的。

我们生活在一个人口流动性极大的时代，来自不同地区、不同城市，甚至是不同国家的人往往需要在一起合作共事。作为教师，早早地将地域文化的知识融入你的课堂，不仅可以培养学生对自己家乡文化的认同感和自豪感，让每一个孩子的文化背景都被看见、被尊重，还可以帮助你的学生们更好地应对未来的挑战。如果你的学生早早地养成了尊重文化差异的意识，在不远的未来，他们不仅可以做好在自己的国家范围内生存的准备，也可以做好在整个世界里翱翔的准备。

◎ 你将如何让多样化的学生群体做好准备，以迎接他们在现实世界中必将面临的挑战？

◎ 你将如何帮助学生们培养尊重不同文化之间的差异的态度和意识？

◎ 甚至你将如何处理可能存在的地域偏见这一敏感话题？

行动指南

> 我们在人与人之间所见到的精神上的差异，是由于他们所处的不同环境，由于他们所受的不同程度的教育所致。
>
> —— 克洛德·阿德里安·爱尔维修

一、你对差异有多尊重

当你的学生来自不同的种族，有着不同的文化背景时，想要将整个班级统筹好，让大家集体向前，你首先要承认并尊重他们的差异，并教会你的孩子们尊重彼此的文化差异。那么你到底对于差异有多尊重，做一做下面的小练习就知道了。

问题	从不	偶尔	有时	经常	总是
1. 当我听到不同的意见时，我让对方进一步说明和解释。	1	2	3	4	5
2. 出现分歧时，表达自己的意见比顺从大多数人的意见更重要。	1	2	3	4	5
3. 我经常和与我持不同意见的人共同工作。	1	2	3	4	5
4. 我试图利用他人的知识和技能来更好地完成任务。	1	2	3	4	5
5. 我发现由不同背景的人组成工作小组非常有益。	1	2	3	4	5

问题	从不	偶尔	有时	经常	总是
6. 我深信每个人都以独特的方式对自己的家庭和组织做出贡献。	1	2	3	4	5
7. 我积极寻找机会向他人学习。	1	2	3	4	5
8. 我与他人分享自己的观点，尽管我们的观点有所不同。	1	2	3	4	5
9. 致力于某个项目时，我寻求不同的想法和意见。	1	2	3	4	5
10. 当我参与创造性工作时，我倾向于大家一起开动脑筋、集思广益。	1	2	3	4	5

得分评价：

41-50分：能够尊重不同的人之间的差异，在工作和生活中充分发挥了你与他人差异互补的作用。

21-40分：对人与人之间的差异感受不是很透彻，一般水平发挥了你与他人差异互补的作用。

10-20分：不能够很好地认识到人与人的差异，几乎没有发挥你与他人差异互补的作用。

二、文化背景调研

写下你的一个学生的名字，把他/她的相关信息写在下面。

1. 他/她的姓名是?

2. 他/她的文化背景是（家乡、民族、家庭情况、成长环境等）？

_____

_____

_____

3. 他/她在性格上展现的特征是（幽默感、语言方面、活泼或内敛等）？

_____

_____

_____

4. 他/她与班上其他学生的交往如何（倾听、讲话、独来独往、乐于助人等）？

_____

_____

_____

5. 他/她与你在地域文化上的差异有多大（认同、排斥、共同点、不同点等）？

_____

_____

_____

三、教师在文化上的可作为

1. 对于不同学生的文化风俗和习惯，表示出包容和尊重。

2. 针对不同背景的学生，进行有针对的情感交流，拉近距离。

3. 在备课的时候，将课程内容与学生的文化背景相联系，引发学生们的讨论。

4. 寻找学生文化背景中的积极因素，并以此激励学生，培养学生的文化认同感和自豪感。

5. 对于可能存在的地域偏见保持敏感，不断进行解释和阐明，改变学生们原有的错误认知。

TEACHER
ACCOUNTABILITY

CHAPTER 7 | 第七章

教师责任

主动为学生的所有问题承担责任

问题31：
我的学生在我的课堂上可以失败吗？

一天，我去中西部的一所学校参观，整个上午都在校长的陪同下参观教室。在进入每间教室之前，我们都会在走廊上进行一小段讨论。当我们走来走去时，我总会看到学校走廊的墙上贴着同样的标语："失败不是一种选择！"虽然我没有向校长提及这些标语，但我却有意识地把它们记了下来。坦率地说，我从来没有在一所学校里看到过这么多印有这句话的标语，几乎每个教室和走廊里都有，这让我印象非常深刻。在我看来，这些标语很容易给人传达一个理念：在这所学校里，失败是不被允许的。

当我们结束考察，回到校长办公室汇报情况时，我提到了这些标语。我与校长分享了我看到这些标语时的感受，我认为这些标语一定程度上塑造了这个学校的整体氛围，因为在考察过程中，这些无处不在的标语确确实实给我留下了非常深刻的印象。

校长说："在这儿我们不谈论失败。"他说，"在我们学校，至少对我这个校长而言，失败从不是一种选择。"

校长的话确实有一定的道理，但我想要冒昧地挑战一下这位校长，把他的思维延伸一下，于是，我和这位校长进行了更深入的讨论。

"我钦佩您在学校中不把失败作为选择的坚定信念，"我说，"但事实是，根据贵校目前的数据，学校里有很多学生都是不及格的。从某种角度来说，这些不及格的学生就在行使他们选择'失败'的权利。您如何用学校的这些标语来解释这个问题？"

校长似乎对我的问题有些迷惑不解，沉默片刻后，他向我解释说，从很大程度上讲，学生没有失败的选择，整个学校都认为失败是不可接受的，但要让这个主题成为现实，他们还有很长的路要走。

我同意，从长远来看，失败的确不应该是任何学生的选择。但从短期来看，我们可以在某种程度上欢迎学生暂时的失败。因为这种失败是一种学习经验，能够帮学生弄清楚什么是可行的，什么是不可行的，从而让学生在失败中逐渐提高。我们不应该容忍的是长期的失败，即在困难面前屈服、放弃学业和止步不前。

在判断是长期失败还是短期失败方面，老师发挥着至关重要的作用。一方面，你必须真正相信，你的学生在你的课堂上的失败是暂时的；另一方面，你又要为避免学生的长期失败做出艰苦卓绝的努力。你要知道，你是他们的老师，他们的成功就是你的成功。你必须对消除长期失败负责，通过提高你的教学实践水平，使你的学生变得优秀的愿景成为现实。由于你的学生的成功直接印证了你作为教师的成功，你要有意识地避免将任何可能在课堂上发生的失败归咎于学生、他们的父母或社会经济因素。简而言之，你的学生的成或败均取决于你。

问题32：
我要为学生的失败负责吗？

　　我非常喜欢阅读来自世界各地不同国家和文化的谚语，它们真的很令人着迷，因为它们给我们提供了生活的智慧和教训。很多年前，我偶然发现的一句非洲谚语，多年来一直影响着我的思维方式和我的教育工作实践。这句谚语是："不会跳舞的人会说鼓不好。"当我第一次读到这句谚语时，它立即引起了我的共鸣。从本质上说，这句谚语劝告我们不要再为我们的失败和缺点找借口。如果我们现在把它更新一下，这句谚语可能是这样的："不会跳舞的人会说DJ放的不是他的歌。"当然，音乐不是问题所在，个人责任感才是问题所在。

　　当你的学生没有达到你的期望时，你会说"鼓不好"吗？在你的教学过程中，你可能会将你学生的失败归咎于课堂之外的许多其他因素。例如，你往往会责备他们的父母和邻里环境。但指责并不能让你的学生走向卓越，只会让你的学生陷入更加万劫不复的境地。在一个教师对学生的成败负全责的课堂上，学生们的积极性会高很多，他们的表现也会更加出色。

　　◎　当你的学生失败时，你有什么反应和情绪？

　　◎　面对学生的失败，你是如何负责的？

　　◎　在学生屡次失败后，你对自己的做法做了哪些调整？

　　在教学过程中，失败是不可避免的，所有处于学习中的人都有可能失败。关键的问题是，当失败发生时，你的态度是什么，你又是如何根据实际情况调整你的教学策略和方法来降低这种失败再次发生的概率的？

问题33：
我愿意为学生的成败担责吗？

很多老师是愿意为学生的成功担责的，这相对比较容易。因为从本质上讲，这体现了你作为老师的信心，而且你也必须这样做，因为如果想要培养出优秀的学生，就必须要让自己看到你在培养学生最佳素养方面所具备的技能、能力和天赋，这样你在面对学生、面对自己的日常工作时才会更加自信。

但是，愿意为学生的失败担责则要难得多。当我还是一名任课教师时，制约我的学生表现良好的因素有很多。我很容易把学生的失败简单地归咎于贫穷，因为他们中的许多人都来自具有挑战性的社会经济环境，但我并没有被他们家里的境况吓倒。相反，我决心让自己对所有学生的成败负起个人责任，无论他们在教室外的生活如何。

你也应该如此。你必须在心底里愿意为你学生的失败担责。如果你这样做，在努力解决学生的困难的时候，你的这种积极主动的姿态，不仅更有可能帮你获得职业上的成长，你的学生们也会受到感召，在你的影响下变得优秀，从而走向卓越。尽管你的学生可能偶尔会遭遇短期的失败，但你必须坚定地相信他们在未来会获得成功，主动为他们的成败担起责任来。

问题34：
我会把贫困当作失败的借口吗？

对于有的学生来说，想在课堂上取得成功，贫困可能是他们必须克服的一个障碍。贫困对孩子的影响是非常真实的，而且往往是压倒性的。那些不得不忍受贫困的学生所承受的心理负担，是那些在优越条件下长大的学生永远无法完全理解的。在我与教师的互动中，我总是惊讶于有这么多教师——无论是新教师还是老教师，无论是在城市还是农村——都没有意识到许多学生每天必须忍受的困境。与此同时，也有一些非常优秀的老师确实理解孩子们的处境，因为他们勇敢地走进了孩子们的社区和家里，清楚地看到了他们在经历着什么，亲眼看到了困难学生们的日常生活。

◎ 你对贫困有什么看法？

◎ 你会把贫穷当作失败的借口吗？

◎ 作为任课教师，你是否具备必要的技能来帮助你的学生克服社会经济地位低下的不利影响？

贫困绝不应该成为孩子们失败的借口，作为老师，你必须要有这样的信念。虽然我鼓励你承认贫困的存在，但你永远不要因为贫困，把你学生的糟糕表现正当化。

我希望你能尽可能地同情那些经济上处于劣势的学生。你必须始终相信，同时也让这些学生相信，不管他们的处境如何，他们都会在你的课堂上茁壮成长，因为你是他们的老师。你的课堂应该成为这些学生们生活中的一片绿洲，一个神奇的环境。在这个环境里，他们会因你对待他们的方式而感到特别和有价值。你必须创造一个让每位学生都能从你的行动和态度中获得激励、走向卓越的学习环境。虽然贫困是真实存在的，但不应该让它来决定学生的成绩。你需要设想你所有的学生都能成功，必须始终把自己看作是他们成功的决定因素。

问题35：
我对自己作为一名教师的评价如何？

橄榄球是我最喜欢的运动之一，尤其是橄榄球比赛前的准备工作。我想比赛本身应该是最重要的方面，但由于我更倾向于通过教育工作者的视角来看待生活，所以对我来说，准备工作比实际参赛本身更有意义。在常规橄榄球赛季中，除了周一晚上有一场比赛，其他比赛都在周日进行。对于在周日比赛的球队来说，周一早上是为下周比赛做准备的重要时间。这时，球队会研究、分解和剖析前一天的比赛录像，专注地观看他们在场上表现的每个方面。回顾比赛录像可以让球员和教练，从他们周日的比赛中所展现出的优劣势以及所犯的错误中学习。只有在每个人都观看完比赛录像后，他们才会为下周的比赛做真正的准备。

就像橄榄球运动员必须研究他们的比赛录像一样，你也必须研究自己的"比赛录像"，以准备你下一周的课程。对你来说，"比赛录像"实际上是你的教学在镜子中的反映。每天工作结束时，你可以在下次回到教室前，抽出一些时间研究你的"录像"。回顾你在课堂表现上的每个方面，包括你的整体态度、你的教学风格、你对教学内容的熟练度等。观看自己的教学视频的过程，其实是一个自我评估的过程。根据观看自己的教学视频，判断哪些对学生来说是有效的，哪些是无效的，以及哪些是你需要改进的地方，然后做一个综合的复盘。

当你完成了自我评估，就需要在实际行动中进行自我调整。你需要诚实地思考，在第二天的课程中，你将做出哪些改变。在橄榄球比赛中，没有完美的比赛，因为总会有一些需要改进的地方。如果球队不调整他们的表现，他们就是在履行爱因斯坦对疯狂的定义——重复做同样的事情却期待不同的结果。同样的原则也适用于你在课堂上的实践，想要快速有效地提升你的教学水平，你需要每天反思和评估你自己的表现，以便你能做出必要的调整。如果不这样做，就会阻碍你在实践中成为更好的老师。而这项自我评估工作，你可以通过观看教学视频来实现。

行动指南

> 患难可以试验一个人的品格，非常的境遇方可以显示出非常的品格。
>
> ——莎士比亚

资源稀缺不可怕，就怕有稀缺心态，你的态度决定一切。拥有乐观积极态度的人，往往更快乐，会有更多的朋友，在生活中能够获得更多成功，并且能够对周围的人产生积极的影响。他们身上有个重要特质——能够承担失败，以及把这些不利局面转变成积极学习的机会和动力。

一、你对贫困的认识：

1. 你对处于贫困境地的学生会有先入为主的判断吗？你的判断是什么？

_____

_____

_____

2. 回想你曾处于资源匮乏（时间、金钱、食物）的某个时刻，你当时有怎样的态度和行为？

_____

_____

_____

3. 你对"贫困对人行为的影响"这个话题有多少了解？请写下你在这方面的知识。

_____

_____

_____

4. 关于抵御贫困对人思维方式的影响，你有什么科学的方法吗？

_____

_____

_____

_____

二、迎难而上

认识问题是解决问题的第一步，只有客观而真实地看到贫困家境对学生的影响，你才能从实际情况出发，帮助到你的学生。在帮助学生的过程中，注重保护贫困学生的隐私，不伤及他们的自尊。

贫困家境学生可能面临的困境：

◎ 贫困家境的家长整天为生计疲于奔命，无暇顾及孩子的学习和成长。

◎ 孩子感受到生活的窘境，无法将心思集中放在学习上。

◎ 极端的贫困会损害孩子的解决问题、获取信息、逻辑推理等认知能力。

◎ 长期处于贫困中的孩子，其执行控制能力比普通家庭的孩子更差。

三、帮助贫困学生小贴士

◎ 作为老师，要摆正自己的心态，不能因为学生家庭贫困而产生歧视。

◎ 在做班级决策的时候，要考虑到经济条件差的学生，确保每个学生都能参与到班级活动中。

◎ 对于家庭条件不好的学生，给予更多的鼓励，帮他们建立自尊自信。

◎ 提供学校或政府的优秀奖学金信息和申请的成绩标准，以此作为激励。

◎ 和家长进行沟通，确保家长们不把自己对金钱的压力和焦虑传递给孩子。

◎ 识别学生关于贫穷的消极认知以及这些认知所带来的不良行为，并用积极的信念和习惯取而代之。

PLANNING AND ORGANIZATION

CHAPTER 8 ｜ 第八章

计划组织

作为教师，怎样增强自我组织能力？

问题36：

我该在多大程度上进行备课以外的准备？

在我担任任课教师的这些年里，我一直非常认真地备课。实际上，我每周都很期待周末的到来，那时我会坐在书桌前计划和设想下周的课程。我知道，我学生的成败取决于我的周末计划。我的课程计划能够让我看到整周的课程进度和教学安排，并为我提供了一张能确保学生获得最佳学习效果的蓝图。

对于教师来说，备课并不是可有可无的，而是工作的需要，你的课堂效果很大程度上取决于你的备课质量。通常情况下，教师需要在指定的日子向学校的评估人员提交一份教学计划。然而，为了在课堂上取得最佳效果，我鼓励教师制订一套额外的、不与评估者分享的教学计划，也就是针对每个学生具体需求的个性化计划。这些计划不需要与课程计划一起制订，在具体实践中，它们可以单独持续进行。在这个过程中，真正重要的是兼顾到教室里每个学生的个性化需求。

◎ 你的备课对你的日常教学实践有多重要？

◎ 你每周为制订教学计划付出了多少精力和努力？

◎ 除了上交给评估人员的教学计划，你是否另外为学生准备了个性化的计划？

我坚信，如果你为你的学生制订单独的计划，并根据需要不断进行调整和更新，你的学生会有更好的学业表现。

◎ 每个学生对你有什么要求？

◎ 你所教的每个学生的学习需求是什么？

◎ 你将如何满足这些需求？

如果你能一直坚持为每一个学生制订一份符合他们自身特点的个性化教学方案，那么你的学生一定会从你对他们的个体重视中受益匪浅。

问题37：
数据如何驱动我的实践？

我曾经说过，阳光下的一切事物都是数据。当我在电脑上输入这句话时，我电脑上的按键是数据，我用来打字的手指也是数据。

问题是，我们如何识别这些数据？我们如何解释它？我们如何分析它？我们如何使用它？我们如何整合它？它告诉了我们什么？我们可以从中学到什么？数据是如何驱动你的教学及整体实践的？在你的教学实践中，你必须把代表学生出勤率、课堂参与度、家庭作业完成情况、评估结果和纪律处分相关的数据都利用起来，以帮助你更科学地做出相关教学决策。

◎ 这些类型的数据是否推动了你的教学决策？

◎ 它们是否为你的实践提供了信息？

◎ 它们是否决定了你的教学策略？

作为任课教师，你必须使用你所掌握的所有数据，这些数据说明了你和你的学生在任何特定时刻所处的位置和状况。当你仔细分析这些数据时，你所做的决定就会以你的课堂现实为基础；如果你忽视了这些数据，你就会违背现实，做出不利于学生有效学习和健康成长的决策。当你进行每一天的教学计划时，不要让情绪、直觉或假设来驱动你的做法，而要使用你所掌握的数据。这样你才能做出更加科学、更符合实际的教学决策，从而让你的学生们在课堂上取得成功。

问题38：
我是否在自己的学科领域里做到了精通？

现在很多年轻人都喜欢安于现状，不爱学习。事实上，我们大多数人，都只挖掘出了我们巨大潜力中很小的一部分，我们每个人都还有很大的自我完善的空间。

当我为学生主持动员大会时，我会经常对学生们说，"平均"还不够好，他们必须努力成为他们可能成为最好的自己。

对教师来说也是如此，我们不能在我们的工作中只做到"平均"水平。相反，我们必须有意识地在我们的工作中表现得出色，因为我们的工作是世界上最重要的工作之一，我们正在让孩子们为他们的成年生活乃至整个人生做准备，孩子们应该需要而且也期望教师在教学实践和实际教学内容方面都做到精通。

◎ 你在你的学科领域里做到精通了吗？

◎ 做到精通的程度对你来说有多重要？

◎ 你花了多少时间来完善你的教学实践？

◎ 你有多少时间用于反思、评估和调整你在学科领域的专业水平？

就像你必须尽可能地了解你的学生一样，你也必须对你的学科领域了如指掌。你必须努力挖掘自己的潜能，通过不断的学习，然后成为你学校中你所负责的科目的专家。对你的学科领域拥有丰富的知识和深刻的见解，能帮助你的学生在课堂内外取得成功。

问题39：
儿童发展理论在我的教学规划中起什么作用？

行业里一直有一个没有得到真正重视和足够关注的领域，那就是儿童教育及发展领域。现在科学界在儿童发展领域的研究已经取得了长足的进步，并且得出了相当可靠的结论。但是我发现，无论是教师还是学校的管理者们，对这个领域的理论知识都了解的不够。学校也很少组织关于"儿童发展理论"的主题讨论，而这并不是一个好的现象。想要让孩子们真正健康快乐地成长，并在学业上取得优异的成绩，我们的教学策略必须要遵循客观规律。我们需要尽可能地了解这个领域最前沿的相关研究，掌握基本规律，以实现真正"以人为本"的教学。

◎ 你对儿童发展的理论知识了解多少？

◎ 你采用的教学策略符合儿童发展的基本规律吗？

◎ 你具体清楚你每个学生的发展状况吗？

◎ 你的教学策略分别有哪些理论知识做支撑？

如果想让你的学生能很好地适应课堂环境和你的教学策略，从而达到学习的最佳状态，儿童发展理论就必须成为你所有课堂策略的基础，这个领域的知识应该成为老师们热烈讨论的话题。

问题40：
作为一名教师，我是否有很强的组织能力？

考虑到教学实践工作的复杂性，作为一名教师，组织能力是绝对不可缺少的。在我的研讨会上，教师们经常会表达他们关于时间不够用的困扰。伴随着教学实践的开展，教师们常常需要处理大量的文书工作，而他们却总是抱怨自己没有足够的时间来完成这些工作。其实，这一切都可以归结为组织能力和时间管理能力的不足。在整个学年中，你是如何通过合理利用时间来培养你的时间管理能力的？你又是如何组织学生成绩、考核数据、家庭作业、纪律记录和家长联系信息等其他事情的？在培养组织能力和时间管理能力方面，只有你自己才知道什么样的方法对你最有效。你需要通过不断的演练、尝试、反思以及总结，来找到最适合自己的方法。

当教师们告诉我，他们没有足够的时间完成每天该完成的任务时，我总会让他们去仔细审视自己是如何使用每一分钟的。如果你总觉得时间不够用，那么，你很有可能把太多时间浪费在了一些没有意义的工作上。

◎ 审视一下你的每一天，你是如何高效利用你的时间的？

◎ 你在课前或放学后是否有空闲的时间没有好好利用呢？

◎ 你每天对自己时间的流逝都有一定的觉知吗？

◎ 你为自己每天所做的事情分出轻重缓急了吗?

你必须不断地问自己这些问题，有意识地培养自己的组织能力和时间管理能力，使学生们受益。

行动指南

> 所谓自律，是以积极而主动的态度，去解决人生痛苦的重要原则，主要包括四个方面：推迟满足感、承担责任、尊重事实、保持平衡。
>
> ——斯科特·派克

一、我的时间是怎样度过的？

1. 针对下列问题，请勾出你的自我评价。

问题	不同意	不太同意	比较同意	同意
1. 我花了很多时间在重要且截止日期将近的事情上。	1	2	3	4
2. 我总是"到处救火"，不断处理重要危机。	1	2	3	4
3. 我花了很多时间在虽然紧迫但与我的第一要务毫无关系的事情上。	1	2	3	4
4. 我花了很多时间在垃圾邮件、电视节目、玩游戏和琐事上。	1	2	3	4

2. 从1-4，看看自己是否将过多时间花在了"紧急不重要"或"不紧急不重要"的事情上。

_____

_____

3. 画一个时间管理矩阵，按照百分比将你的时间分配给每一类事物，然后以30~60分钟为计时单位，连续记录三天自己的日常活动。

	紧急	不紧急
第一天		
重要		
不重要		
第二天		
重要		
不重要		
第三天		
重要		
不重要		

二、我的时间优化计划

你已经知道了自己的大部分时间用在了哪里，现在让我们一起来解决你在时间上分配不科学的问题。请思考以下问题，并写出你的回答。

1. 现阶段工作，你的核心任务是什么？

_____

_____

_____

2. 哪些问题正影响着你力量的发挥，你可以做出什么样的改变？

_____

_____

_____

_____

3. 有哪些既不重要也不紧急的事情可以不做？

_____

_____

_____

_____

4. 你准备采用哪些强制措施来贯彻自己的"时间优化计划"？

_____

_____

_____

_____

三、精力管理四大方面

◎ 体能方面：健康的饮食习惯，定期运动的习惯，以及充足的睡眠
可以让你每天都精力充沛。

◎ 情绪方面：积极正面的情绪，如感恩、自信、兴奋、理解他人

等，可以让你感觉更轻松。

◎ 专注方面：如果做事情的时候能够全情投入，你将事半功倍。

◎ 意志方面：在日常工作中找到目标感和意义感会让你对做的事情更有激情。

四、我的精力管理训练计划

1. 从现在起，科学安排你的饮食习惯，每天补充足够量的维生素和蛋白质（蔬菜、水果、鱼类肉类等），少吃升糖指数高的食物（白米白面）。

2. 每周保证150~300分钟的有氧运动（游泳、跑步等），保证至少8个小时的睡眠。

3. 每天进行正念冥想练习15分钟，提升专注的能力。

4. 主动调节自己的情绪，使自己心情愉悦（如进行感恩练习、积极的心理暗示、放松呼吸练习等）。

五、时间精力分配之周任务

请将你本周最重要的三项事情写在下面，并集中主要时间精力完成这三项事情。

1. _____

2. _____

3. _____

PROFESSIONAL DEVELOPMENT

CHAPTER 9 ｜ 第九章

职业发展

如何拓宽教师的职业发展路径？

问题41：
专业文献在多大程度上增强了我的实践？

从我担任任课教师的第一天起，就觉得我必须随身携带一些专业文献，以指导我的日常工作。作为一名初级教师，我觉得每天都需要学习一些新东西。如今28年过去了，我一点都没变。唯一不同的是，现在我可以在多种设备上阅读各种与专业相关的文章和图书。

在我的研讨会上，我喜欢让聚集在一起的教师和管理人员从包里拿出他们目前的专业阅读材料，并举起来让我们每个人都看到，这样我们就能知道大家最近都在读什么。我强烈建议教师把自己的专业阅读置于实践之前，每天挑战自己，学习新东西。

◎ 你随身携带的专业文献有哪些？

◎ 你目前正在阅读什么，你每天会花多少时间用于专业阅读？

◎ 你所关注的领域是什么？

◎ 你选择的阅读材料是否与你想要提高的方面有关？

想要激发卓越课堂，你自己首先需要全身心地投入到职业成长中去，坚持每天都阅读一些专业文献，让自己每天都能感受到自己在专业上的成长。

在你的领域保持与时俱进的最好方法是加入专业组织。对教师来说，有大量这样的组织可以加入，包括本书的出版商在内。正是因为有这些大量的可用资源，你不应该有任何的理由不谋求职业发展。这只是一个腾出时间来严格要求自己的问题。

我也鼓励你在阅读之余写点东西，你的见解可以成为同行职业发展的宝贵来源。你一定会有一些可以让别人受益的言论，开一个博客，向专业期刊提交建议，写一本你一直想写的书。尽你所能地学习，并与你的同行和更多的人分享你所学到的东西。

问题42：
我多久会寻求一次自己的职业发展？

让我们在上一个问题的基础上进行一下延伸，那就是来谈谈你在专业阅读之外的整体职业发展。

◎ 你多久会寻求一次自己的职业发展？

◎ 你如何确定哪些机会是最适合你的？

◎ 你多长时间参加一次会议、研讨会、研究论坛、讲习班和网络研讨会？

◎ 你能否将你职业发展中学到的东西成功地应用到你的课堂上？

作为一名教师，不断地追求职业上的发展是绝对必要的。我每年都会遇到数百名对学生束手无策的教师，我总是提醒他们，他们面对的是一个全新的学生群体，今天教室里的学生所处的世界与十年前的环境已大不相同。

◎ 你是否参加了针对千禧一代如何在课堂上学习的职业发展研讨会？

◎ 你是否充分利用各种职业发展机会来满足他们的学业、社交和情感需求？

你的职业发展不能局限于你的管理人员或地区为你安排的研讨会，你必须主动寻找你职业中任何可以学习和发展的机会。你的学生需要你这样做。我强烈建议你在寻找资源的同时，研究一下网络上的一些专业学习平台。移动互联网爆炸式的发展，为教育工作者提供了十年前无法享受的专业学习选择。专业学习网络提供的信息是无穷无尽的，而且很多都是免费的。

问题43：
我如何从同事的知识和经验中获益？

在学校里，教师往往被局限在教室这个小世界里。从清晨到傍晚，他们只限于与学生接触，很少与同事和其他人交流，除非他们参与了一个专业学习社区。

在我的研讨会上，观众中通常至少有一位新教师，我总是鼓励那些经验丰富的教师们以欢迎和接纳的态度面对新同事。建议老教师们，在新教师们应对新经验带来的挑战时，给他们提供力所能及的帮助。最重要的是，我鼓励老教师们分享他们的知识和经验给新教师，并为他们提供支持，让新教师在新环境中感到舒适和自在，让他们在新学年开始时在教学和学习中就富有成效，并在之后一直保持这种成效，这种指导是每位新教师职业成长的重要组成部分。

◎　你如何能从你的同事身上受益？

◎ 你能否与他们交流思想、信息和经验？

◎ 你和你的同事多久会花时间分享经验和互相学习一次？

◎ 你的学校文化是否适合教师们在这些交流中相互接触？

职业发展不仅仅是关于书本和研讨会，它也是同事之间思想和经验的分享。

问题44：
我愿意接受同事的建设性反馈吗？

与同事交流信息和想法是一回事，接受他们的建设性反馈又是另外一回事。对于有的老师来说，交流信息和想法很容易，但要他们真正接受同事的建设性反馈，并将其付诸行动就很困难。

◎ 当同事提出和你不一样的想法时，你是什么感受？

◎ 你是否愿意接受同事们的建设性反馈？

◎ 你根据同事的建设性反馈做出了哪些具体的行动？

◎ 在研讨会上，你是否能够大方地说出与同事不同的想法？

我相信，当我们对同事的信任足够强大，能够承受彼此诚实的批评时，我们与同事的分享和互动才是有成效的。在这个过程中，最关键的是，我们要对所有的反馈持开放态度，这是我们教师成长的一个重要方式。当我们能够意识到我们并不是无所不知，而且愿意接受同事们可能教给我们的经验时，我们才能在实践中学到更多的东西。即使我们不完全同意他人的意见，保持开放的态度，对我们眼界的开阔和知识的积累也是百利而无一害的。简而言之，保持谦虚的态度，向同事们学习，对我们教师的发展是至关重要的。

问题45：
我根据同事提出的建议采取行动了吗？

据我了解，很多老师在研讨会上会很认真地倾听同事们的建议和反馈，但是一旦研讨会结束，他们就会把在研讨会上讨论的东西忘得一干二净，继续走之前的老路。所以，要想教师之间的研讨会真正富有成效，你必须要在你接受了来自其他教育工作者的建设性反馈后，马上根据这些反馈采取行动。我们可以参与的一些学校组织的职业发展活动，例如去观摩其他老师的课堂，在教学过程中互相评估和指导；或者先制订一个具体的改进方案，然后邀请给出反馈的同事进行二次评估，等等。在这些行动的过程中，我们还可以学到很多我们在研讨会上无法学到的东西。值得提醒的是，在采取教学改进的行动过程，一定要与同事之间保持相互信任，这样大家才能真正帮到彼此，然后共同提高。而且，只有当信任存在时，我们才会有意愿按照同事的建议来进行改进，信任是行动的第一步。

◎ 你和你的同事进行过相互指导吗？

◎ 同事给你建设性反馈时，你是什么态度？

◎ 当你的同事给你反馈时，你是否会相信它是合理的并采取相应行动？

◎ 你是如何鉴别同事所给反馈的合理性的？

行动指南

> 传播知识就是播种幸福。科学研究的进展及日益扩大的领域将唤起我们的希望，而存在于人类身心上的细菌也将逐渐消失。
>
> ——阿尔弗雷德·贝恩哈德·诺贝尔

一、职业发展自我反思

1. 我希望从教师这个职业中得到什么？

2. 我希望成为一个什么样的教师？

3. 我希望在多长时间内成为这样的教师？

4. 为了成为这样的教师我做出了哪些努力，还需要做哪些努力？

_____

_____

_____

5. 学校、家长以及孩子对优秀教师有哪些标准，我认同这些标准吗？

_____

_____

_____

_____

二、职业发展具体规划

1. 请使用SWOT分析法并结合自身情况填写下面的表格。SWOT分析法是20世纪80年代初由美国旧金山大学的管理学教授海因茨·韦里克（Heinz Weihrich）提出来的。其中S（Strength）代表你的优势，W（Weakness）代表你目前的劣势，O（Opportunities）代表你目前面临的机会，T（Threatens）代表你目前面临的威胁。

内部因素 外部因素	优势（Strength）	劣势（Weakness）
机会（Opportunities）		
威胁（Threatens）		

2. 根据以下四种分类，将你填入的信息进行归纳总结：

◎ 机会+优势=杠杆效应。杠杆效应产生于内部优势与外部机会相互适应时，在这种情况下，你可以通过发挥自己的优势，抓住机会，获得成长或职业上的发展。

◎ 机会+劣势=抑制性。当环境提供的机会与你的内部优势不匹配时，即便你的优势再大也发挥不出来。这种时候，要么追加某种投入，将自己的劣势转为优势，从而适应外部机会；要么放弃该机会，从别的环境里寻找与你自身优势相匹配的机会。

◎ 优势+威胁=脆弱性。脆弱性意味着优势的强度会因为外部威胁的存在而降低，从而使优势得不到充分的发挥。在这种情况下，你必须扫除威胁，以更好地发挥自己的优势。

◎ 劣势+威胁=问题性。当个人的内部劣势与外部环境的威胁相遇时，就意味着你将面临严峻的问题和挑战。

3. 请结合上述分析结果写下你的职业发展规划

1）你的整体性目标：

_____

_____

2）你的阶段性目标：

第一阶段：

_____

_____

_____

具体措施：

_____

_____

_____

第二阶段：

_____

_____

_____

具体措施：

_____

_____

_____

第三阶段：

具体措施：

3）预期效果

第一阶段：

第二阶段：

第三阶段：

_____

_____

_____

_____

PARENTAL ENGAGEMENT

CHAPTER 10 | 第十章

家长参与

如何与家长合作做好教育？

问题46：

我与学生家长的关系怎么样？

当我在小学教书时，我和我的同事们会集思广益，想办法让学生家长们也参与到教学中来。有一次，我们突然意识到，许多学生的父母虽然在孩子学习上用心良苦，但由于他们太年轻，根本不知道如何在家里帮助他们的孩子学习。为了解决这个问题，我们决定举办我们自己的育儿研讨会。因此，在每个评分期间，我们都会举办研讨会，并邀请家长们参加。我们在研讨会上向家长提供促进学生在家学习的策略和技巧，解答家长们的问题和困惑。而且，我们的研讨会不单单是局限于学术问题，我们还讨论了与学生的社交和情感发展相关的问题，这些课程都取得了非常好的效果。通过这些课程，我们与家长建立了联系，他们也非常感谢我们的付出。

◎ 你在哪些方面有意与你的学生家长建立牢固的关系？

◎ 你在哪些方面对学生的家长有帮助？

◎ 学生的家长在哪些方面对你有帮助？

◎ 你的学生在哪些方面受益于你与他们父母建立的关系？

多年来的研究表明，如果家长能参与到教学中来，他们孩子成功的可能性会成倍增加。作为老师，你有责任始终坚持与你的学生家长建立牢固而富有成效的关系。

问题47：
我会定期向家长告知孩子们的成就吗？

在每个新学年开始时，我都会给家长们打电话，这些日子让我记忆犹新。每个新学年，总会有那么几位家长对我表现出敌意，他们以为我打电话是为了抱怨他们的孩子在学校的所作所为。我通常能够迅速打消他们的顾虑，让他们知道我打电话是为了介绍自己，并告诉他们我迄今为止所观察到的好现象。

◎ 在新学年开始时给学生家长打电话是你的工作之一吗？

◎ 这些电话对你的学生在课堂上的行为有什么影响？

◎ 它们如何影响你和家长的关系？

在研讨会上，教师们经常提出关于如何处理家长不友善的问题。我告诉这些教师，当我们不把这些不友善放在心上时，消除敌意就会很容易。当家长对你有敌意时，最好的办法是让他们把心里的想法都说出来，包括他们可能想对你进行的任何"言语攻击"。在他们诉说的过程中，不要反驳他们，也不要打断他们。而且，等他们说完后，你要亲切而平静地就你想解决的问题展开对话，同时向他们保证你理解他们的担忧。我保证，这种策略会使你与学生家长的关系更加牢固，但前提是你随后要通过持续的对话来维持这种关系。

当你与学生家长的关系牢固且富有成效时，你的学生一定会在课堂上感到更舒适，学习成绩也会更好。你要尽可能在开学第一天就努力与家长建立这种关系，通常情况下，主动介绍自己和赞美孩子，以及肯定家长的付出可以起到非常大的作用。

问题48：
我的学生家长是否可以联系到我？

在我刚成为一名高中校长时，我就下定决心，我要让我的学生和他们的父母在想联系我的时候可以找到我。所以，在每年开学的时候，我把我的电话号码提供给了所有人。大多数时候，那些与我联系的人都是通过短信联系的，这是一种相当舒服的互动方式。当然，我很清楚，这种策略或许并不适合每个人，但就我个人而言，它对我与学生家长的关系产生了非常积极的影响。

◎　你的学生家长能联系到你吗？

◎　他们知道什么时候可以联系到你吗？

◎　你是否有固定的时间让家长与你联系？

◎　你和家长沟通过打电话或拜访的最佳时间吗？

那些知道他们可以定期与你联系的家长，会比那些不知道的家长，更容易与你建立长期牢固的关系，而且，他们孩子的表现也会更好。

问题49：
学生家长的意见对我来说重要吗？

在我开始当老师的时候，我很天真地以为，我必须是无所不知的人。

但我很快意识到，情况并非如此。就对孩子的了解这点来说，我知道的就远没有家长们知道得多，我的学生家长肯定比我更了解他们的孩子。事实上，通过学生家长，我了解到了很多关于孩子的事情，而这些信息是我无法通过其他渠道获得的。对老师来说，家长的意见非常重要，让家长表达他们的想法是让他们参与学生学习的一个很好的方式，而且，有想法的家长都希望自己能被倾听。与家长的交谈是双向的，如果你能向他们提供关于孩子的学习、社会和情感发展的信息，同时又能认真倾听他们的意见，你的学生们将永远领先于其他学生一步。

◎ 你是如何向学生家长征求意见的？

◎ 你如何让家长们相信他们的想法对你很重要？

◎ 你如何让家长们相信，他们在孩子的学业成功方面所扮演的角色很重要？

◎ 在家长向你表达了他们的意见后，你是如何调整你的教学方针的？

你需要始终与家长保持顺畅的沟通，并向他们表明，你认为他们的意见在帮助学生提升课堂表现方面是非常有帮助的。

问题50：
我最近有家访吗？

我明白，家访并不适合所有人，有些老师可能会觉得，坐在学生家的客厅里很不自在。但对于那些敢于挑战并迈出这一步的人来说，这将对孩子学习的方方面面都产生重大影响。首先，家访可以让你了解学生生活的具体情况，帮你为孩子制定个性化学习方案提供更深刻的见解。其次，家访也能加强你和家长的联系，让家长更多地参与到孩子的学习中来。当你访问贫困社区的学生时，看到恶劣环境给人带来的各种困境时，你可能会觉得难以接受，产生不愉快的心情，然后掉头就走。当然，作为拜访者，你随时可以离开这些贫困社区，因为你并不长期居住在那里。但是，你的学生却没有这样的选择，他们无处可去。认识到这一事实，你就能更好地理解，对于你的学生来说，离开家庭环境、待在学校的这段时间意味着什么。

◎ 你对家访的感觉如何？

◎ 你认为它与你的教学实践有关吗？

◎ 如果你进行家访，你多久家访一次？

◎ 家访后，你会调整对学生的期望吗？

对于那些想要真正了解孩子、帮助孩子们取得成功的老师来说，家访的重要性再怎么强调也不为过。

行动指南

> 作为一个父亲，最大的乐趣就在于：在其有生之年，能够根据自己走过的路来启发教育子女。
>
> ——蒙田

一、行动起来

每一个家长都会敬重那些关心自己的孩子，并乐意与他们共同教育孩子的老师。没有人比家长更了解自己的孩子，主动和家长保持良好的沟通可以帮助我们更有针对性地教好每一个孩子。

◎ 在每次家长会上将自己的联系方式写在黑板上，让家长记录保存。

◎ 每个月安排固定的时间与家长汇报学生的学习情况，真诚地告诉家长你需要他们的帮助。

◎ 在进行电话沟通或家访前先用短信的形式预约时间，让家长感受到被尊重。

◎ 尽量了解学生家长从事的领域，工作时间，从而更好地了解学生的学习情况。

◎ 主动向家长征求意见和建议，结合各种因素进行综合判断，科学地、有选择性地采纳家长的建议。

二、本周联系家长计划

1. 我本周打算与哪些学生的家长联系?

_____

_____

_____

2. 我将何时预约，本次沟通时间大约是多久?

_____

_____

_____

3. 本次和家长谈话的主题是什么?

_____

_____

_____

4. 谈话结束后，双方将进行哪些行动?

_____

_____

_____

5. 在与家长沟通的技巧方面，我还可以做哪些提升？

_____

_____

_____

_____

三、家长访谈工作记录

请将每次访谈情况记录下来，前后对比，进行复盘，将自己的进步可视化。

_____

_____

_____

_____

CONCLUSION

结　语

多年来，无数的教师向我透露，他们感觉到自己好像已经精疲力竭。他们中的许多人都告诉我，他们不知道自己还能继续教多久，他们感到自己已经被所面临的挑战打败了，我想借此机会具体谈谈教师职业倦怠的话题。

我们每个人都有进入教师行业的理由。我可以想象，我们中的大多数人甚至可以准确地记得，我们是在什么时候决定教育就是我们要从事的行业的。在你做出这个决定的时候，我相信你一定会觉得，你就是你未来的学生所需要的那种老师。在那个时候，你就开始努力工作，使之成为现实。可当你感到你的能量开始减弱时，当你灰心丧气、不知所措或感到被击溃时，请试着回顾一下年轻时的那个自己。回想一下当初为什么要进入这个行业，并让自己永远都不要忘记这个动力，永远不要忘记你作为一名教师所要完成的使命和成就。如果我们忽略了最初成为教师的那份动力，当教学中的各种工作排山倒海地向我们袭来时，我们就会渐渐失去能量，最终精疲力竭。

要想在新学年开始时保持充沛的精力，你需要随时准备好你的自我反省镜，确保自我反省、自我评估和自我调整是你每天练习的内容。当你每天早上照镜子的时候，问自己以下这三个问题：我是谁？我在干什么？我的目标是什么？我最近做到了哪些？如果你坚持这样做了，你就会在每一天最开始的时候，意识到你是谁、你的目的是什么，以及你在这两方面取得了什么成就，那些成就会成为你继续前行的动力。

LIST OF 50 REFLECTIVE QUESTIONS

50个反思问题清单

问题1：我相信我对学生是至关重要的吗？

问题2：我为什么要教书？

问题3：我有多想看到我的学生成功？

问题4：我会改变学生们的人生吗？

问题5：我的学生们会以我为榜样吗？

问题6：我在课堂上的"招牌动作"是什么？

问题7：我每天给我的课堂带去"火花"了吗？

问题8：我相信我的学生能展翅高飞吗？

问题9：我有帮助学生们制订目标吗？

问题10：如何防止学生"戴着眼罩"上学？

问题11：我的课堂是"惊叹课堂"吗？

问题12：我的课堂方式是什么？

问题13：学生们来上我的课的动力是什么？

问题14：我是教数学还是教马修？

问题15：我的课堂品牌形象是什么？

问题16：下课后我去了解我的学生了吗？

问题17：我是否会被学生的成长环境吓倒？

问题18：我的学生如何看待我以及我对他们的态度？

问题19：我在多大程度上融入了学生的生活？

问题20：我和我的学生多久共进一次午餐？

问题21：我的哪些教学策略对学生最有效？

问题22：谁是我课堂上真正的"主角"？

问题23：我如何衔接跨学科领域的学习？

问题24：我是否考虑到了每位学生的独特性？

问题25：我的教学是面向21世纪的学生吗？

问题26：我愿意去了解学生的地域文化背景吗？

问题27：我在安排教学时考虑到学生的地域文化背景了吗？

问题28：如何将学生的地域文化背景融入我的课程？

问题29：我的学生在文化上认同我的课堂吗？

问题30：我如何表现出对学生地域文化背景的觉知？

问题31：我的学生在我的课堂上可以失败吗？

问题32：我要为学生的失败负责吗？

问题33：我愿意为学生的成败担责吗？

问题34：我会把贫困当作失败的借口吗？

问题35：我对自己作为一名教师的评价如何？

问题36：我该在多大程度上进行备课以外的准备？

问题37：数据如何驱动我的实践？

问题38：我是否在自己的学科领域里做到了精通？

问题39：儿童发展理论在我的教学规划中起什么作用？

问题40：作为一名教师，我是否有很强的组织能力？

问题41：专业文献在多大程度上增强了我的实践？

问题42：我多久会寻求一次自己的职业发展？

问题43：我如何从同事的知识和经验中获益？

问题44：我愿意接受同事的建设性反馈吗？

问题45：我根据同事提出的建议采取行动了吗？

问题46：我与学生家长的关系怎么样？

问题47：我会定期向家长告知孩子们的成就吗？

问题48：我的学生家长是否可以联系到我？

问题49：学生家长的意见对我来说重要吗？

问题50：我最近有家访吗？

ABOUT THE AUTHOR

作者简介

巴鲁蒂·K.卡费勒，在新泽西州担任城市公立学校教育工作近30年，作为一名课堂教师和学校校长，他的表现非常出色。作为新泽西州东奥兰治市的小学教师，他被选为东奥兰治学区和埃塞克斯县公立学校的年度最佳教师。作为校长，他领导了四所不同学校的转型，包括纽瓦克技术学校，该学校从一个需要改进的低绩效学校变成了被《美国关系与世界报道》认可的美国最佳高中之一。

目前，卡费勒是北美地区最受欢迎的关于转变高危学生群体态度的演讲者之一。他写了七本关于这个主题的书，包括监督和课程开发协会（ASCD）出版的畅销书：《校长引导中层和教师思考的50个问题》《改善学生学习态度的58个建议》。他还获得了100多个教育专业和社区奖项，包括"国家非裔教育者联盟奖""密尔肯国家教育工作者奖"及新泽西教育协会"优秀教师奖"。读者可以通过卡费勒的网站www.principalkafele.com联系到他。

"常青藤"书系—中青文教师用书总目录

书名	书号	定价
特别推荐——从优秀到卓越系列		
★ 从优秀教师到卓越教师：极具影响力的日常教学策略	9787515312378	33.80
★ 从优秀教学到卓越教学：让学生专注学习的最实用教学指南	9787515324227	39.90
★ 从优秀学校到卓越学校：他们的校长在哪些方面做得更好	9787515325637	59.90
★ 卓越课堂管理（中国教育新闻网2015年度"影响教师的100本书"）	9787515331362	88.00
名师新经典/教育名著		
最难的问题不在考试中：先别教答案，带学生自己找到想问的事	9787515365930	48.00
在芬兰中小学课堂观摩研修的365日	9787515363608	49.00
马文·柯林斯的教育之道：通往卓越教育的路径（《中国教育报》2019年度"教师喜爱的100本书"，中国教育新闻网"影响教师的100本书"。朱永新作序，李希贵力荐）	9787515355122	49.80
如何当好一名学校中层：快速提升中层能力、成就优秀学校的31个高效策略	9787515346519	49.00
像冠军一样教学：引领学生走向卓越的62个教学诀窍	9787515343488	49.00
像冠军一样教学2：引领教师掌握62个教学诀窍的实操手册与教学资源	9787515352022	68.00
如何成为高效能教师	9787515301747	89.00
★ 给教师的101条建议（第三版）（《中国教育报》"最佳图书"奖）	9787515342665	33.00
改善学生课堂表现的50个方法（入选《中国教育报》"影响教师的100本书"）	9787500693536	33.00
改善学生课堂表现的50个方法操作指南：小技巧获得大改变	9787515334783	29.00
美国中小学世界历史读本/世界地理读本/艺术史读本	9787515317397等	106.00
美国语文读本1-6	9787515314624等	252.70
和优秀教师一起读苏霍姆林斯基	9787500698401	27.00
快速破解60个日常教学难题	9787515339320	39.90
★ 美国最好的中学是怎样的——让孩子成为学习高手的乐园	9787515344713	28.00
建立以学习共同体为导向的师生关系：让教育的复杂问题变得简单	9787515353449	33.80
教师成长/专业素养		
通过积极的师生关系提升学生成绩：给教师的行动清单	9787515356877	49.00
卓越教师工具包：帮你顺利度过从教的前5年	9787515361345	49.00
★ 可见的学习与深度学习：最大化学生的技能、意志力和兴奋感	9787515361116	45.00
学生教给我的17件重要的事：带你爱、勇气、坚持与创意的人生课堂	9787515361208	39.80
教师如何持续学习与精进	9787515361109	39.00
从实习教师到优秀教师	9787515358673	39.90
像领袖一样教学：改变学生命运，使学生变得更好（中国教育新闻网2015年度"影响教师的100本书"）	9787515355375	49.00
你的第一年：新教师如何生存和发展	9787515351599	33.80
教师精力管理：让教师高效教学，学生自主学习	9787515349169	28.00
如何使学生成为优秀的思考者和学习者：哈佛大学教育学院课堂思考解决方案	9787515348155	49.90
反思性教学：一个已被证明能让教师做得更好的培训项目（30周年纪念版）	9787515347837	59.90
凭什么让学生服你：极具影响力的日常教育策略（中国教育新闻网2017年度"影响教师的100本书"）	9787515347554	28.00
运用积极心理学提高学生成绩（中国教育新闻网2017年度"影响教师的100本书"）	9787515345680	39.80
可见的学习与思维教学：成长型思维教学的54个教学资源：教学资源版	9787515354743	36.00
可见的学习与思维教学：让教学对学生可见，让学习对教师可见（中国教育报2017年度"教师最喜爱的100本书"）	9787515345000	39.90

书名	书号	定价
教学是一段旅程：成长为卓越教师你一定要知道的事	9787515344478	39.00
安奈特·布鲁肖写给教师的101首诗	9787515340982	35.00
万人迷老师养成宝典学习指南	9787515340784	28.00
中小学教师职业道德培训手册：师德的定义、养成与评估	9787515340777	32.00
成为顶尖教师的10项修炼（中国教育新闻网2015年度"影响教师的100本书"）	9787515334066	35.00
★ T. E. T. 教师效能训练：一个已被证明能让所有年龄段学生做到最好的培训项目（30周年纪念版）（中国教育新闻网2015年度"影响教师的100本书"）	9787515332284	49.00
教学需要打破常规：全世界最受欢迎的创意教学法（中国教育新闻网2015年度"影响教师的100本书"）	9787515331591	45.00
给幼儿教师的100个创意：幼儿园班级设计与管理	9787515330310	39.90
给小学教师的100个创意：发展思维能力	9787515327402	29.00
给中学教师的100个创意：如何激发学生的天赋和特长 / 杰出的教学 / 快速改善学生课堂表现	9787515330723等	87.90
以学生为中心的翻转教学11法	9787515328386	29.00
如何使教师保持职业激情	9787515305868	29.00
★ 如何培训高效能教师：来自全美权威教师培训项目的建议	9787515324685	39.90
良好教学效果的12试金石：每天都需要专注的事情清单	9787515326283	29.90
★ 让每个学生主动参与学习的37个技巧	9787515320526	45.00
给教师的40堂培训课：教师学习与发展的最佳实操手册	9787515352787	39.90
提高学生学习效率的9种教学方法	9787515310954	27.80
★ 优秀教师的课堂艺术：唤醒快乐积极的教学技能手册	9787515342719	26.00
★ 万人迷老师养成宝典（第2版）（入选《中国教育报》"2010年影响教师的100本书"）	9787515342702	39.00
高效能教师的9个习惯	9787500699316	26.00
课堂教学/课堂管理		
课堂上的问题形成技术：老师怎样做，学生才会提出好的问题	9787515366401	45.00
翻转课堂与项目式学习	9787515365817	45.00
★ 优秀教师一定要知道的19件事：回答教师核心素养问题，解读为什么要向优秀者看齐	9787515366630	39.00
从作业设计开始的30个创意教学法：运用互动反馈循环实现深度学习	9787515366364	59.00
基于课堂中精准理解的教学设计	9787515365909	49.00
如何创建培养自主学习者的课堂管理系统	9787515365879	49.00
如何提高课堂创意与参与度：每个教师都可以使用的178个教学工具	9787515365763	49.90
如何激活学生思维：激励学生学习与思考的187个教学工具	9787515365770	49.90
男孩不难教：男孩学业、态度、行为问题的新解决方案	9787515364827	49.00
★ 高度参与的线上线下融合式教学设计：极具影响力的备课、上课、练习、评价项目教学法	9787515364438	49.00
★ 跨学科项目式教学：通过"+1"教学法进行计划、管理和评估	9787515361086	49.00
课堂上最重要的56件事	9787515360775	35.00
★ 全脑教学与游戏教学法	9787515360690	39.00
★ 深度教学：运用苏格拉底式提问法有效开展备课设计和课堂教学	9787515360591	49.90
★ 一看就会的课堂设计：三个步骤快速构建完整的课堂管理体系	9787515360584	39.90
如何有效激发学生学习兴趣	9787515360577	38.00
如何解决课堂上最关键的9个问题	9787515360195	49.00
多元智能教学法：挖掘每一个学生的最大潜能	9787515359885	39.90
★ 探究式教学：让学生学会思考的四个步骤	9787515359496	39.00
课堂提问的技术与艺术	9787515358925	49.00

书名	书号	定价
如何在课堂上实现卓越的教与学	9787515358321	49.00
基于学习风格的差异化教学	9787515358437	39.90
如何在课堂上提问：好问题胜过好答案	9787515358253	39.00
高度参与的课堂：提高学生专注力的沉浸式教学	9787515357522	39.90
让学习变得有趣	9787515357782	39.00
如何利用学校网络进行项目式学习和个性化学习	9787515357591	39.90
基于问题导向的互动式、启发式与探究式课堂教学法	9787515356792	49.00
如何在课堂中使用讨论：引导学生讨论式学习的60种课堂活动	9787515357027	38.00
如何在课堂中使用差异化教学	9787515357010	39.90
如何在课堂中培养成长型思维	9787515356754	39.90
每一位教师都是领导者：重新定义教学领导力	9787515356518	39.90
教室里的1-2-3魔法教学：美国广泛使用的从学前到八年级的有效课堂纪律管理	9787515355986	39.90
如何在课堂中使用布卢姆教育目标分类法	9787515355658	39.00
如何在课堂上使用学习评估	9787515355597	39.00
7天建立行之有效的课堂管理系统：以学生为中心的分层式正面管教	9787515355269	29.90
积极课堂：如何更好地解决课堂纪律与学生的冲突	9787515354590	38.00
设计智慧课堂：培养学生一生受用的学习习惯与思维方式	9787515352770	39.00
追求学习结果的88个经典教学设计：轻松打造学生积极参与的互动课堂	9787515353524	39.00
从备课开始的100个课堂活动设计：创造积极课堂环境和学习乐趣的教师工具包	9787515353432	33.80
老师怎么教，学生才能记得住	9787515353067	48.00
多维互动式课堂管理：50个行之有效的方法助你事半功倍	9787515353395	39.80
智能课堂设计清单：帮助教师建立一套规范程序和做事方法	9787515352985	49.90
提升学生小组合作学习的56个策略：让学生变得专注、自信、会学习	9787515352954	29.90
快速处理学生行为问题的52个方法：让学生变得自律、专注、爱学习	9787515352428	39.00
王牌教学法：罗恩·克拉克学校的创意课堂	9787515352145	39.80
让学生快速融入课堂的88个趣味游戏：让上课变得新颖、紧凑、有成效	9787515351889	39.00
如何调动与激励学生：唤醒每个内在学习者（李希贵校长推荐全校教师研读）	9787515350448	39.80
合作学习技能35课：培养学生的协作能力和未来竞争力	9787515340524	59.00
基于课程标准的STEM教学设计：有趣有料有效的STEM跨学科培养教学方案	9787515349879	68.00
如何设计教学细节：好课堂是设计出来的	9787515349152	39.00
15秒课堂管理法：让上课变得有料、有趣、有秩序	9787515348490	49.00
混合式教学：技术工具辅助教学实操手册	9787515347073	39.80
从备课开始的50个创意教学法	9787515346618	39.00
中学生实现成绩突破的40个引导方法	9787515345192	33.00
给小学教师的100个简单的科学实验创意	9787515342481	39.00
老师如何提问，学生才会思考	9787515341217	49.00
教师如何提高学生小组合作学习效率	9787515340340	39.00
卓越教师的200条教学策略	9787515340401	49.90
中小学生执行力训练手册：教出高效、专注、有自信的学生	9787515335384	49.90
从课堂开始的创客教育：培养每一位学生的创造能力	9787515342047	33.00
提高学生学习专注力的8个方法：打造深度学习课堂	9787515333557	35.00
改善学生学习态度的58个建议	9787515324067	36.00
全脑教学（中国教育新闻网2015年度"影响教师的100本书"）	9787515323169	38.00

	书名	书号	定价
★	全脑教学与成长型思维教学：提高学生学习力的92个课堂游戏	9787515349466	39.00
★	哈佛大学教育学院思维训练课：让学生学会思考的20个方法	9787515325101	59.90
	完美结束一堂课的35个好创意	9787515325163	28.00
	如何更好地教学：优秀教师一定要知道的事	9787515324609	36.00
	带着目的教与学	9787515323978	39.90
★	美国中小学生社会技能课程与活动（学前阶段/1–3年级/4–6年级/7–12年级）	9787515322537等	153.80
	彻底走出教学误区：开启轻松智能课堂管理的45个方法	9787515322285	28.00
	破解问题学生的行为密码：如何教好焦虑、逆反、孤僻、暴躁、早熟的学生	9787515322292	36.00
	13个教学难题解决手册	9787515320502	28.00
★	让学生爱上学习的165个课堂游戏	9787515319032	39.00
	美国学生游戏与素质训练手册：培养孩子合作、自尊、沟通、情商的103种教育游戏	9787515325156	49.00
	老师怎么说，学生才会听	9787515312057	39.00
	快乐教学：如何让学生积极与你互动（入选《中国教育报》"影响教师的100本书"）	9787500696087	29.00
★	老师怎么教，学生才会提问	9787515317410	29.00
★	快速改善课堂纪律的75个方法	9787515313665	28.00
★	教学可以很简单：高效能教师轻松教学7法	9787515314457	39.00
★	好老师可以避免的20个课堂错误（入选《中国教育报》"影响教师的100本图书"）	9787500688785	39.90
★	好老师应对课堂挑战的25个方法（《给教师的101条建议》作者新书）	9787500699378	25.00
	好老师激励后进生的21个课堂技巧	9787515311838	39.80
★	开始和结束一堂课的50个好创意	9787515312071	29.80
	好老师因材施教的12个方法（美国著名教师伊莉莎白"好老师"三部曲）	9787500694847	22.00
★	如何打造高效能课堂	9787500680666	29.00
	合理有据的教师评价：课堂评估衡量学生进步	9787515330815	29.00
班主任工作/德育			
★	北京四中8班的教育奇迹	9787515321608	36.00
★	师德教育培训手册	9787515326627	29.80
	中小学教师职业道德培训手册：师德的定义、养成与评估	9787515340777	32.00
	好老师征服后进生的14堂课（美国著名教师伊莉莎白"好老师"三部曲）	9787500693819	39.90
	优秀班主任的50条建议：师德教育感动读本（《中国教育报》专题推荐）	9787515305752	23.00
学校管理/校长领导力			
	卓越课堂的50个关键问题	9787515366678	39.00
	如何培育卓越教师：给学校管理者的行动清单	9787515357034	39.00
★	学校管理最重要的48件事	9787515361055	39.80
	重新设计学习和教学空间：设计利于活动、游戏、学习、创造的学习环境	9787515360447	49.90
	重新设计一所好学校：简单、合理、多样化地解构和重塑现有学习空间和学校环境	9787515356129	49.00
	让樱花绽放英华	9787515355603	79.00
	学校管理者平衡时间和精力的21个方法	9787515349886	29.90
	校长引导中层和教师思考的50个问题	9787515349176	29.00
	如何定义、评估和改变学校文化	9787515340371	29.80
	优秀校长一定要做的18件事（入选《中国教育报》"2009年影响教师的100本书"）	9787515342733	39.90
学科教学/教科研			
	中学古文观止50讲：文言文阅读能力提升之道	9787515366555	59.90

书名	书号	定价
完美英语备课法：用更短时间和更少材料让学生高度参与的100个课堂游戏	9787515366524	49.00
人大附中整本书阅读取胜之道：让阅读与作文双赢	9787515364636	59.90
北京四中语文课：千古文章	9787515360973	59.00
北京四中语文课：亲近经典	9787515360980	59.00
从备课开始的56个英语创意教学：快速从小白老师到名师高手	9787515359878	49.90
美国学生写作技能训练	9787515355979	39.90
《道德经》妙解、导读与分享（诵读版）	9787515351407	49.00
京沪穗江浙名校名师联手教你：如何写好中考作文	9787515356570	49.90
京沪穗江浙名校名师联手授课：如何写好高考作文	9787515356686	49.80
人大附中中考作文取胜之道	9787515345567	39.80
人大附中高考作文取胜之道	9787515320694	49.90
人大附中学生这样学语文：走近经典名著	9787515328959	33.80
四界语文（入选《中国教育报》2017年度"教师喜爱的100本书"）	9787515348483	49.00
让小学一年级孩子爱上阅读的40个方法	9787515307589	39.90
让学生爱上数学的48个游戏	9787515326207	26.00
轻松100课教会孩子阅读英文	9787515338781	88.00
情商教育/心理咨询		
9节课，教你读懂孩子：妙解亲子教育、青春期教育、隔代教育难题	9787515351056	39.80
学生版盖洛普优势识别器（独一无二的优势测量工具）	9787515350387	169.00
与孩子好好说话（获"美国国家育儿出版物（NAPPA）金奖"）	9787515350370	39.80
中小学心理教师的10项修炼	9787515309347	36.00
别和青春期的孩子较劲（增订版）（入选《中国教育报》"2009年影响教师的100本书"）	9787515343075	28.00
100条让孩子胜出的社交规则	9787515327648	28.00
守护孩子安全一定要知道的17个方法	9787515326405	32.00
幼儿园/学前教育		
中挪学前教育合作式学习：经验·对话·反思	9787515364858	79.00
幼小衔接听读能力课	9787515364643	33.00
用蒙台梭利教育法开启0~6岁男孩潜能	9787515361222	45.00
德国幼儿的自我表达课：不是孩子爱闹情绪，是她/他想说却不会说！	9787515359458	59.00
德国幼儿教育成功的秘密： 近距离体验德国学前教育理念与幼儿园日常活动安排	9787515359465	49.80
美国儿童自然拼读启蒙课：至关重要的早期阅读训练系统	9787515351933	49.80
幼儿园30个大主题活动精选：让工作更轻松的整合技巧	9787515339627	39.80
美国幼儿教育活动大百科：3-6岁儿童学习与发展指南用书 科学/艺术/健康与语言/社会	9787515324265等	600.00
蒙台梭利早期教育法：3-6岁儿童发展指南（理论版）	9787515322544	29.80
蒙台梭利儿童教育手册：3-6岁儿童发展指南（实践版）	9787515307664	33.00
自由地学习：华德福的幼儿园教育	9787515328300	29.90
赞美你：奥巴马给女儿的信	9787515303222	19.90
史上最接地气的幼儿书单	9787515329185	39.80
教育主张/教育视野		
学习是如何发生的：教育心理学中的开创性研究及其实践意义	9787515366531	59.90
父母不应该错过的犹太人育儿法	9787515365688	59.00
如何在线教学：教师在智能教育新形态下的生存与发展	9787515365855	49.00

书名	书号	定价
正向养育：黑幼龙的慢养哲学	9787515365671	39.90
颠覆教育的人：蒙台梭利传	9787515365572	59.90
学习的科学：每位教师都应知道的77项教育研究成果	9787515364094	59.00
真实性学习：如何设计体验式、情境式、主动式的学习课堂	9787515363769	49.00
哈佛前1%的秘密（俞敏洪、成甲、姚梅林、张梅玲推荐）	9787515363349	59.90
基于七个习惯的自我领导力教育设计：让学校育人更有道，让学生自育更有根	9787515362809	69.00
终身学习：让学生在未来拥有不可替代的决胜力	9787515360560	49.90
颠覆性思维：为什么我们的阅读方式很重要	9787515360393	39.90
如何教学生阅读与思考：每位教师都需要的阅读训练手册	9787515359472	39.00
"互联网+"时代，如何做一名成长型教师	9787515340302	29.90
教出阅读力	9787515352800	39.90
为学生赋能：当学生自己掌控学习时，会发生什么	9787515352848	33.00
如何用设计思维创意教学：风靡全球的创造力培养方法	9787515352367	39.80
如何发现孩子：实践蒙台梭利解放天性的趣味游戏	9787515325750	32.00
如何学习：用更短的时间达到更佳效果和更好成绩	9787515349084	49.00
教师和家长共同培养卓越学生的10个策略	9787515331355	27.00
★ 如何阅读：一个已被证实的低投入高回报的学习方法	9787515346847	39.00
★ 芬兰教育全球第一的秘密（钻石版）（《中国教育报》等主流媒体专题推荐）	9787515359922	59.00
世界最好的教育给父母和教师的45堂必修课（《芬兰教育全球第一的秘密》2）	9787515342696	28.00
★ 杰出青少年的7个习惯（精英版）	9787515342672	39.00
杰出青少年的7个习惯（成长版）	9787515335155	29.00
★ 杰出青少年的6个决定（领袖版）（全国优秀出版物奖）	9787515342658	49.90
★ 7个习惯教出优秀学生（第2版）（全球畅销书《高效能人士的七个习惯》教师版）	9787515342573	39.00
学习的科学：如何学习得更好更快（入选中国教育网2016年度"影响教师的100本书"）	9787515341767	39.80
杰出青少年构建内心世界的5个坐标（中国青少年成长公开课）	9787515314952	59.00
★ 跳出教育的盒子（第2版）（美国中小学教学经典畅销书）	9787515344676	35.00
夏烈教授给高中生的19场讲座	9787515318813	29.90
★ 学习之道：美国公认经典学习书	9787515342641	39.00
★ 翻转学习：如何更好地实践翻转课堂与慕课教学（中国教育新闻网2015年度"影响教师的100本书"）	9787515334837	32.00
★ 翻转课堂与慕课教学：一场正在到来的教育变革	9787515328232	26.00
翻转课堂与混合式教学：互联网+时代，教育变革的最佳解决方案	9787515349022	29.80
翻转课堂与深度学习：人工智能时代，以学生为中心的智慧教学	9787515351582	29.80
★ 奇迹学校：震撼美国教育界的教学传奇（中国教育新闻网2015年度"影响教师的100本书"）	9787515327044	36.00
★ 学校是一段旅程：华德福教师1—8年级教学手记	9787515327945	49.00
★ 高效能人士的七个习惯（30周年纪念版）（全球畅销书）	9787515360430	79.00

您可以通过如下途径购买：

1. 书　　店：各地新华书店、教育书店。
2. 网上书店：当当网（www.dangdang.com）、亚马逊中国网（www.amazon.cn）、天猫（zqwts.tmall.com）、
京东网（www.360buy.com）。
3. 团　　购：各地教育部门、学校、教师培训机构、图书馆团购，可享受特别优惠。
购书热线：010-65511272 / 65516873

学习的科学

每位教师都应知道的 77项教育研究成果

ISBN：978-7-5153-6409-4
作者：[英] 布拉德利·布什
　　　　　　　　爱德华·沃森
2021-8　定价：59.00元

★ 英国亚马逊教育榜单好评图书，汇集关于"学习的科学"非常重要的77项教育研究成果，帮助教师解决阅读教育研究成果长篇论文的难题，帮助教师了解新的前沿的研究成果，一目了然读懂什么是对学习是很有帮助的。

★ 资深心理学家布拉德利·布什、牛津大学和伦敦商学院高材生爱德华·沃森，两位大咖强强联手，帮助广大教师解决很多教育难题。

★ 有效提高教师的信息化素养，提升学生学习的科学性。

内容简介： 学习的科学是中小学教师非常需要的资源，以帮助他们的学生改善他们在学校的思维、感觉和行为方式。这本书可让教师跨学科应用，是帮助学生学习并通过考试的技术。

本书将77项有关学习主题的最重要、最具影响力的研究转换成了通俗易懂的语言文字，涵盖了记忆、动机、元认知以及行为、偏见和养育等领域，并将每项研究分解为"研究概况、主要研究结果、相关研究和课堂启示"四部分，以教师可理解、可操作的方式呈现在读者面前。

本书独特有力地揭开了关于学习的各种关键概念的神秘面纱，将研究成果转换为课堂中的实用建议。

布拉德利·布什　资深心理学家，有丰富的学校工作经验，英纳德公司的特许心理专家，对教育现象有着独到的理解和诠释。

爱德华·沃森　牛津大学和伦敦商学院的高材生，英纳德公司的创始人，有着过人的管理经验。

他们专注于成长思维、元认知、学习科学、记忆、大脑管理和压力管理策略的应用，以提高动机、学习和信心。两人强强联合，共铸教育事业。